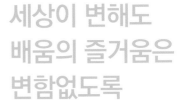

세상이 변해도
배움의 즐거움은
변함없도록

시대는 빠르게 변해도
배움의 즐거움은
변함없어야 하기에

어제의 비상은
남다른 교재부터
결이 다른 콘텐츠
전에 없던 교육 플랫폼까지

변함없는 혁신으로
교육 문화 환경의 새로운 전형을
실현해왔습니다.

비상은 오늘, 다시 한번
새로운 교육 문화 환경을 실현하기 위한
또 하나의 혁신을 시작합니다.

오늘의 내가 어제의 나를 초월하고
오늘의 교육이 어제의 교육을 초월하여
배움의 즐거움을 지속하는 혁신,

바로, 메타인지 기반 완전 학습을.

상상을 실현하는 교육 문화 기업 비상

메타인지 기반 완전 학습
초월을 뜻하는 meta와 생각을 뜻하는 인지가 결합한 메타인지는
자신이 알고 모르는 것을 스스로 구분하고 학습계획을 세우도록 하는
궁극의 학습 능력입니다. 비상의 메타인지 기반 완전 학습 시스템은
잠들어 있는 메타인지를 깨워 공부를 100% 내 것으로 만들도록 합니다.

초등학교   이름

04일차

24~29쪽

월   일

05일차

30~35쪽

월   일

09일차

58~63쪽

월   일

10일차

64~69쪽

월   일

14일차

88~93쪽

월   일

15일차

94~99쪽

월   일

19일차

122~127쪽

월   일

20일차

128~133쪽

월   일

24일차

152~157쪽

월   일

25일차

158~163쪽

월   일

 초등사회 4-2

(나에 대하여)

나는	
집중이 잘 되는 시간은	
공부가 잘 되는 장소는	
나의 장점은	
좀 더 잘했으면 하는 점은	
내가 꿈꾸는 미래의 모습은	

(나의 다짐)

나는 이렇게 공부할 거야! ✏️

 초등사회 4-2

(공부계획표)

01일차	02일차	03일차
6~11쪽	12~17쪽	18~23쪽
월 일	월 일	월 일

06일차	07일차	08일차
36~41쪽	42~47쪽	48~53쪽
월 일	월 일	월 일

11일차	12일차	13일차
70~75쪽	76~81쪽	82~87쪽
월 일	월 일	월 일

16일차	17일차	18일차
100~105쪽	106~111쪽	116~121쪽
월 일	월 일	월 일

21일차	22일차	23일차
134~139쪽	140~145쪽	146~151쪽
월 일	월 일	월 일

한글

초등사회

4·2

한끝 구성과 특징

시각 자료로 이해하는 교과서 개념

사회는 어렵고 재미없어.

걱정마! 한끝 사회는 다양하고 재미있는 그림과 사진으로 교과서 개념을 이해하기 쉽게 설명해 주거든.

하루 6쪽, 부담 없는 사회 공부

매일 공부할 게 너무 많아.

걱정마! 한끝 사회는 '시각 자료로 개념 이해 - 개념 정리 - 문제 확인'의 하루 6쪽 구성으로 학습량 부담이 없어.

"한끝 사회와 함께 사회 공부를 완성 해보자."

① 시각 자료로 개념 이해

11종 사회 교과서를 꼼꼼하게 분석하여 교과서 개념을 눈으로 이해할 수 있도록 풍부한 시각 자료로 설명하였습니다. 친절한 캐릭터들의 쉬운 설명을 듣다 보면 어느새 개념 이해가 쏙쏙!

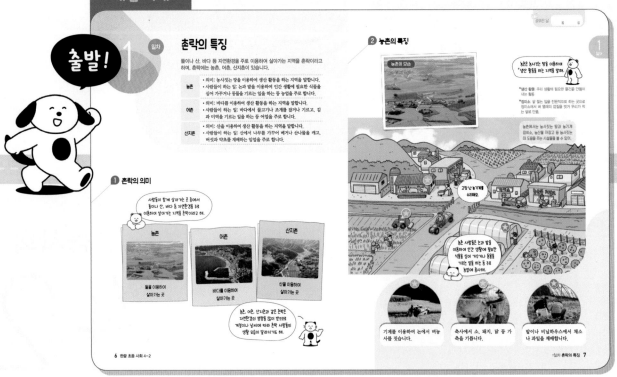

도착!

④ 단원별로 구성된 다양한 문제와 쪽지 시험을 통해 그동안 공부한 내용을 점검하고 학교 단원 평가에 대비할 수 있습니다.

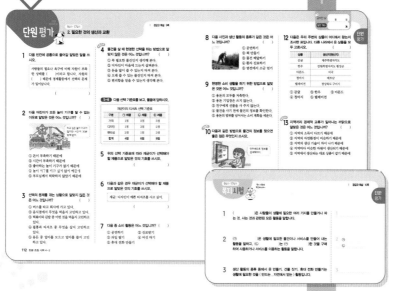

② **개념 정리**
시각 자료로 익힌 교과서 개념을 한눈에 파악할 수 있도록 콕집어 정리하였습니다.

③ **문제로 확인**
학습한 개념을 잘 이해했는지 바로바로 확인할 수 있도록 문제로 구성하였습니다.

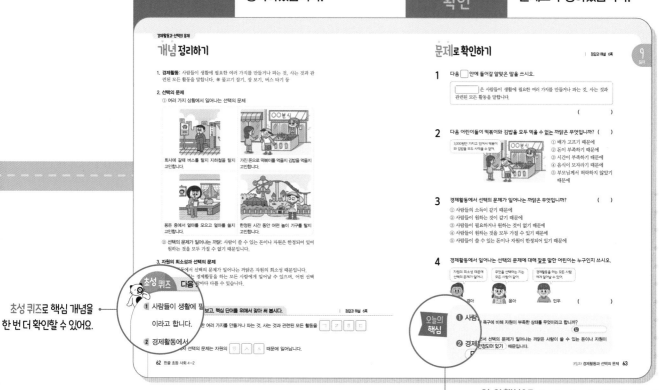

초성 퀴즈로 핵심 개념을 한 번 더 확인할 수 있어요.

오늘의 핵심으로 빈칸을 채우면서 공부한 내용을 복습할 수 있어요.

한끝 차례

규칙적으로 공부하고, 공부한 내용을
확인하는 과정을 반복하면서 사회가
재미있어지고, 자신감이 쌓여 갑니다.

3. 사회 변화와 문화 다양성

일차 1

촌락의 특징

들이나 산, 바다 등 자연환경을 주로 이용하여 살아가는 지역을 촌락이라고 하며, 촌락에는 농촌, 어촌, 산지촌이 있습니다.

농촌	• 의미: 농사짓는 땅을 이용하여 생산 활동을 하는 지역을 말합니다. • 사람들이 하는 일: 논과 밭을 이용하여 인간 생활에 필요한 식물을 심어 가꾸거나 동물을 기르는 일을 하는 등 농업을 주로 합니다.
어촌	• 의미: 바다를 이용하여 생산 활동을 하는 지역을 말합니다. • 사람들이 하는 일: 바다에서 물고기나 조개를 잡거나 기르고, 김과 미역을 기르는 일을 하는 등 어업을 주로 합니다.
산지촌	• 의미: 산을 이용하여 생산 활동을 하는 지역을 말합니다. • 사람들이 하는 일: 산에서 나무를 가꾸어 베거나 산나물을 캐고, 버섯과 약초를 재배하는 임업을 주로 합니다.

1 촌락의 의미

사람들이 함께 살아가는 곳 중에서 들이나 산, 바다 등 자연환경을 주로 이용하여 살아가는 지역을 촌락이라고 해.

농촌

들을 이용하여
살아가는 곳

어촌

바다를 이용하여
살아가는 곳

산지촌

산을 이용하여
살아가는 곳

농촌, 어촌, 산지촌과 같은 촌락은 자연환경의 영향을 많이 받으므로 계절이나 날씨에 따라 촌락 사람들의 생활 모습이 달라지기도 해.

2 농촌의 특징

농촌의 모습

농촌은 농사짓는 땅을 이용하여 *생산 활동을 하는 지역을 말해.

*생산 활동: 우리 생활에 필요한 물건을 만들어 내는 활동

*정미소: 쌀 찧는 일을 전문적으로 하는 곳으로 정미소에서 벼 열매의 껍질을 벗겨 우리가 먹는 쌀로 만듦.

농촌에서는 농사짓는 땅과 농기계 정비소, 농산물 저장고 등 농사짓는 데 도움을 주는 시설들을 볼 수 있어.

고장 난 농기계를 수리해요.

농촌 사람들은 논과 밭을 이용 하여 인간 생활에 필요한 식물을 심어 가꾸거나 동물을 기르는 일을 하는 등 주로 농업에 종사해.

기계를 이용하여 논에서 벼농 사를 짓습니다.

축사에서 소, 돼지, 닭 등 가 축을 기릅니다.

밭이나 비닐하우스에서 채소 나 과일을 재배합니다.

③ 어촌의 특징

어촌의 모습

*양식장: 물고기나 김, 굴 등을 인공적으로 기르는 장소

*갯벌: 바닷물이 들어왔을 때는 물에 잠기고, 바닷물이 빠져나갔을 때는 물 밖으로 드러나는 땅

어촌은 바다를 이용하여 생산 활동을 하는 지역을 말해.

어촌에 사는 사람들은 소규모로 농사를 짓기도 하고, 관광객을 위한 펜션이나 횟집을 운영하기도 해.

어촌에서는 수산물 직판장과 수산물 냉동 창고, 등대 등을 볼 수 있어.

바다에서 잡은 물고기를 팝니다.

바닷속에 들어가 해삼, 전복, 미역 등을 땁니다.

어촌 사람들은 바다에서 물고기나 조개를 잡거나 기르고, 김과 미역을 기르는 일을 하는 등 어업에 주로 종사해.

바다에 배를 타고 나가 물고기를 잡습니다.

*양식장에서 물고기, 김 등을 기릅니다.

*갯벌에서 조개를 캡니다.

4 산지촌의 특징

산지촌의 모습

산지촌은 산을 이용하여 생산 활동을 하는 지역을 말해.

*양봉장: 꿀을 얻으려고 벌을 기르는 곳

넓은 초원에서 소나 양을 풀어놓고 길러요.

산지촌에서는 *양봉장과 계단식 논 등을 볼 수 있어.

산지촌 사람들은 산에서 나무를 가꾸어 베거나 버섯과 약초를 재배하는 일을 하는 등 주로 임업에 종사하며 살아가.

버섯을 재배합니다.

벌목장에서 나무를 베어 목재를 얻습니다.

산에서 약초나 나물을 캡니다.

개념 정리하기

1. **촌락**: 들이나 산, 바다 등 자연환경을 주로 이용하여 살아가는 지역을 말합니다.

2. **촌락의 특징**: 촌락은 자연환경의 영향을 많이 받으므로 계절이나 날씨에 따라 촌락 사람들의 생활 모습이 달라집니다.

3. **촌락의 종류**: 촌락은 농촌, 어촌, 산지촌으로 나눌 수 있습니다.
   ① 농촌

의미	농사짓는 땅을 이용하여 생산 활동을 하는 지역을 말합니다.
사람들이 하는 일	논과 밭을 이용하여 인간 생활에 필요한 식물을 심어 가꾸거나 동물을 기르는 일을 하는 등 농업을 주로 합니다.
볼 수 있는 시설	비닐하우스, 농산물 저장고, 정미소, 농기계 정비소 등 농업에 도움을 주는 시설이 있습니다.

   ② 어촌

의미	바다를 이용하여 생산 활동을 하는 지역을 말합니다.
사람들이 하는 일	바다에서 물고기나 조개를 잡거나 기르고, 김과 미역을 기르는 일을 하는 등 어업을 주로 합니다.
볼 수 있는 시설	부두, 방파제, 양식장, 수산물 직판장, 수산물 냉동 창고 등 어업에 도움을 주는 시설이 있습니다.

   ③ 산지촌

의미	산을 이용하여 생산 활동을 하는 지역을 말합니다.
사람들이 하는 일	산에서 나무를 가꾸어 베거나 산나물을 캐고, 버섯과 약초를 재배하는 등 임업을 주로 합니다.
볼 수 있는 시설	목장, 양봉장, 버섯 재배장, 계단식 논 등이 있습니다.

초성 퀴즈 **다음 초성을 보고, 핵심 단어를 위에서 찾아 써 봅시다.** | 정답과 해설 2쪽

1 촌락은 들이나 산, 바다 등 ㅈ ㅇ ㅎ ㄱ 을 주로 이용하여 살아가는 지역을 말합니다.

2 촌락은 ㄴ ㅊ , ㅇ ㅊ , ㅅ ㅈ ㅊ 으로 나눌 수 있습니다.

3 농촌에 사는 사람들은 인간 생활에 필요한 식물을 심어 가꾸거나 동물을 기르는 등 ㄴ ㅇ 을 주로 합니다.

문제로 확인하기

1 다음 □ 안에 들어갈 알맞은 말을 쓰시오.

> □□□은 들이나 산, 바다 등 자연환경을 주로 이용하여 살아가는 지역입니다.

(   )

2 촌락에 대한 설명으로 알맞지 <u>않은</u> 것은 어느 것입니까? (   )

① 사람들이 함께 살아가는 곳이다.
② 인문환경의 영향을 많이 받는다.
③ 농촌, 어촌, 산지촌으로 나눌 수 있다.
④ 계절에 따라 촌락 사람들의 생활 모습이 달라지기도 한다.
⑤ 자연환경의 영향을 많이 받기 때문에 촌락 사람들은 날씨를 중요하게 생각한다.

3 다음 (가), (나)와 같은 생산 활동을 주로 하는 촌락은 어디인지 각각 쓰시오.

(가)   (나)

(가): (   )
(나): (   )

4 다음 사진의 촌락에 사는 사람들이 주로 하는 일을 <u>두 가지</u> 고르시오. (,   )

① 버섯을 재배한다.
② 김과 미역을 기른다.
③ 산에서 나무를 가꾸어 벤다.
④ 논과 밭에서 곡식을 기른다.
⑤ 바다에서 물고기를 잡거나 기른다.

오늘의 핵심

❶ 농촌, 어촌, 산지촌처럼 자연환경을 주로 이용하여 살아가는 지역을 무엇이라고 합니까?

답 (   )

❷ (농촌 · 산지촌) 사람들은 산에서 나무를 가꾸어 베거나 산나물을 캐는 등 임업을 주로 합니다.

도시의 특징

도시는 많은 사람이 모여 살고, 사회·정치·경제활동의 중심이 되는 곳입니다.

1. **도시의 특징**
   - 많은 사람이 모여 살고 있으며, 높은 건물이 많습니다.
   - 크고 작은 도로가 연결되어 있고, 버스나 지하철과 같은 교통수단이 발달하였습니다.
   - 백화점, 대형 할인점 등 큰 상점이 많습니다.
   - 시청·도청, 소방서, 경찰서 등 다양한 공공 기관이 있습니다.
   - 박물관, 공연장과 같은 문화 시설이 많습니다.

2. **도시가 발달하는 곳**: 도시는 주로 교통이 발달한 곳, 산업이 발달한 곳, 새롭게 계획한 곳에 위치합니다.

1 도시의 의미와 특징

도시는 많은 사람이 모여 살고, 사회·정치·경제활동의 중심이 되는 곳을 말해.

많은 사람이 모여 삽니다.

정해진 땅에 많은 인구가 모여 살기 때문에 도시에는 높은 건물이 많아.

높은 건물이 많고, 연립 주택과 아파트 등이 많습니다.

도시에는 많은 사람이 살고 있고, 교통이 편리해 사람들이 이동하기 쉽기 때문에 다양한 공공 기관이 있어.

시청·도청, 소방서, 경찰서 등 다양한 공공 기관이 있습니다.

많은 사람이 쉽고 빠르게 원하는 곳으로 이동하기 위해서 도시에 교통이 발달하였어.

박물관, 공연장과 같은 문화 시설이 많습니다.

크고 작은 도로가 연결되어 있고, 버스나 지하철과 같은 교통수단이 발달하였습니다.

백화점, 대형 할인점 등 큰 상점이 많습니다.

도시에 상점과 문화 시설이 많은 까닭은 무엇일까?

도시에는 사람이 많아 여러 상점과 문화 시설이 필요하기 때문이야.

② 도시 사람들이 하는 일

도시에 사는 사람들은
어떤 일을 하며 살아갈까?

회사나 공장에서 일합니다.

버스나 택시, 지하철과 같은 교통수단을 운전
합니다.

도시에 사는 사람들은 상점에서
물건을 팔고, 버스나 지하철을
운전하는 등 사람들의 생활을
편리하게 도와주는 일을 해.

상점에서 사람들에게 물건이나 음식을 판매
합니다.

병원에서 아픈 사람을 치료하는
일을 하는 사람들도 있어.

시청·도청, 법원, 교육청 등 다양한 공공 기
관에서 일합니다.

또 도시에는 공공 기관이나
문화 시설에서 서비스를 제공하는
일을 하는 사람도 있어.

공연장에서 공연을 합니다.

도시에는 다양한 공공 기관과
여러 문화 시설이 있어 사람들이
일할 수 있는 곳이 많고 일의
종류가 다양하구나.

③ 우리나라의 주요 도시

도시는 주로 교통이 발달한 곳, 산업이 발달하여 일자리가 많은 곳, 처음부터 계획하여 만들어진 곳에 발달하였어.

정치, 경제, 산업 등의 이유로 정부가 계획하여 만든 도시도 있어.

세종특별자치시

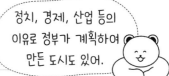

새롭게 계획하여 만든 도시로, 행정 기관이 모여 있는 행정의 중심지입니다.

서울특별시

우리나라의 수도로, 도로 교통과 철도 교통의 중심지입니다.

우리나라에서 가장 많은 사람이 모여 사는 도시야.

울산광역시

철도, 해상 교통이 발달한 도시로 대표적인 공업 도시입니다.

서울특별시와 부산광역시는 교통이 발달하여 사람과 물건의 이동이 편리한 곳에 발달한 도시야.

춘천 강릉
서울 동해 울릉도
황해 인천 원주
평택 충주 동해 독도
홍성 천안
세종 안동
군산 구미 포항
전주 대구 경주
광주 울산
나주 창원 부산
목포 여수
남해

이어도 종합 해양 과학 기지 □ 제주
서귀포 0 50km

ㅡㅡ 고속 국도
--- 고속 철도
ㅡ 철도

전라남도 광양시

산업이 성장하여 회사나 공장이 있어 일자리가 많은 곳에 도시가 생겨나기도 해. 울산광역시와 전라남도 광양시가 대표적이야.

금속, 기계 장비, 운송 장비 등의 공업이 발달한 산업의 중심지입니다.

부산광역시

철도 교통과 해상 교통이 발달한 우리나라 제 2의 도시입니다.

개념 정리하기

1. **도시**: 많은 사람이 모여 살고, 사회·정치·경제활동의 중심이 되는 곳을 말합니다.

2. 도시의 특징

① 많은 사람이 모여 삽니다.
② 높은 건물이 많고, 연립 주택과 아파트 등이 많습니다.
③ 크고 작은 도로가 연결되어 있고, 버스나 지하철과 같은 교통수단이 발달하였습니다.
④ 백화점, 대형 할인점 등 큰 상점이 많습니다.
⑤ 시청·도청, 소방서, 경찰서 등 다양한 공공 기관이 있습니다.
⑥ 박물관, 공연장, 영화관, 도서관과 같은 문화 시설이 많습니다.

3. 도시 사람들이 하는 일

① 많은 사람들이 회사나 공장에서 일합니다.
② 상점에서 물건을 팔고, 버스나 지하철을 운전하는 등 사람들이 편리하게 생활할 수 있도록 도와주는 일을 합니다.
③ 공공 기관이나 문화 시설에서 서비스를 제공하는 일을 합니다.
④ 병원에서 아픈 사람을 치료하는 일을 하기도 합니다.

4. 도시가 발달하는 곳

교통이 발달한 곳	교통이 발달하여 사람과 물건의 이동이 편리한 곳에 도시가 위치합니다. 예 서울특별시, 부산광역시 등
산업이 발달한 곳	산업이 성장하여 회사나 공장이 있어 일자리가 많은 곳에 도시가 발달합니다. 예 울산광역시, 전라남도 광양시 등
새롭게 계획한 곳	정치, 경제, 산업 등의 이유로 정부가 계획하여 도시를 만들기도 합니다. 예 세종특별자치시 등

초성 퀴즈 **다음 초성을 보고, 핵심 단어를 위에서 찾아 써 봅시다.** | 정답과 해설 2쪽

1 ㄷ ㅅ 는 많은 사람이 모여 살고, 사회·정치·경제활동의 중심이 되는 곳을 말합니다.

2 도시에는 ㄴ ㅇ 건물이 많고, 크고 작은 도로가 연결되어 있습니다.

3 도시는 서울특별시, 부산광역시처럼 ㄱ ㅌ 이 발달하여 사람과 물건의 이동이 편리한 곳에 위치합니다.

문제로 확인하기

1 다음 ☐ 안에 들어갈 알맞은 말을 쓰시오.

> ☐ 는 많은 사람이 모여 살고, 사회·정치·경제활동의 중심이 되는 곳을 말합니다.

(   )

2 다음 보기 에서 도시에 대한 설명으로 알맞은 것을 모두 골라 기호를 쓰시오.

> **보기**
>
> ㉠ 높은 건물이 많다.
> ㉡ 많은 사람이 모여 살고 있다.
> ㉢ 버스나 지하철과 같은 교통수단이 거의 없다.
> ㉣ 백화점과 같은 큰 상점과 박물관과 같은 다양한 문화 시설을 볼 수 있다.

(   )

3 도시에 사는 사람들이 주로 하는 일에 대해 <u>잘못</u> 말한 어린이는 누구인지 쓰시오.

시장에서 물건이나 음식을 팔아.
동준

공공 기관에서 서비스를 제공해.
지아

밭이나 비닐하우스에서 작물을 재배해.
지민

(   )

4 행정의 중심지로 정부가 새롭게 계획하여 만든 도시는 어디입니까? (   )

① 서울특별시   ② 부산광역시   ③ 울산광역시
④ 세종특별자치시   ⑤ 전라남도 광양시

오늘의
핵심

❶ 많은 사람이 모여 살고 사회·정치·경제활동의 중심이 되는 곳을 무엇이라고 합니까?
답

❷ 도시에 사는 사람들은 대부분 회사나 공장에서 일하거나 사람들의 생활을 편리하게 도와주는 일을 합니다. (O · X)

촌락과 도시 비교하기

자연환경이 비슷한 촌락과 도시를 비교하면 촌락과 도시의 공통점과 차이점을 알 수 있습니다.

1. **촌락과 도시를 비교하는 과정:** '자연환경이 비슷한 촌락과 도시 정하기 → 촌락과 도시에 대해 조사할 내용과 방법 정하기 → 다양한 방법으로 촌락과 도시 조사하기 → 촌락과 도시의 비교 내용을 보고서로 작성하기' 순으로 이루어집니다.

2. **촌락과 도시의 공통점과 차이점**

공통점	• 사람들이 마을을 이루며 살고 있습니다. • 사람들이 모두 자연환경과 더불어 살아갑니다.
차이점	• 촌락보다 도시에 많은 사람이 살고 있습니다. • 촌락은 높은 건물이 많지 않으나, 도시는 높은 건물이 많습니다. • 촌락은 자연환경을 이용한 산업이 발달하였고, 도시는 물건을 만들거나 편리한 생활을 도와주는 산업이 발달하였습니다.

❶ 조사할 촌락과 도시 정하기 – 충청남도 태안군과 경상북도 포항시

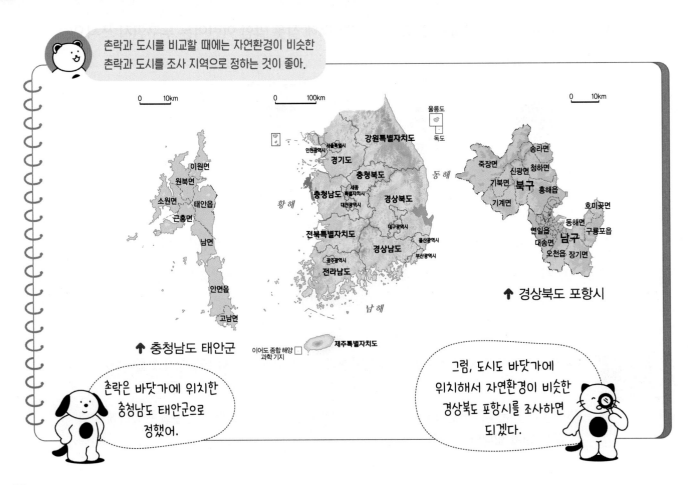

촌락과 도시를 비교할 때에는 자연환경이 비슷한 촌락과 도시를 조사 지역으로 정하는 것이 좋아.

↑ 충청남도 태안군

↑ 경상북도 포항시

촌락은 바닷가에 위치한 충청남도 태안군으로 정했어.

그럼, 도시도 바닷가에 위치해서 자연환경이 비슷한 경상북도 포항시를 조사하면 되겠다.

2 조사할 내용과 방법 정하기

1 촌락과 도시에 대해 알고 싶은 점과 비교하고 싶은 내용을 정합니다.

태안군

태안군과 포항시의 사진을 보니 주택과 건물의 모습이 다르네?

포항시

태안군에는 낮은 건물과 작은 집이 많이 보입니다.

포항시에는 높은 건물과 도로가 많이 보입니다.

주택과 건물의 모습뿐만 아니라 태안군과 포항시에 대해 비교하고 싶은 내용을 생각해 보자.

촌락과 도시에 대해 조사할 내용
- 사람들이 자연환경을 어떻게 이용할까?
- 사람들은 주로 무슨 일을 할까?
- 주택과 건물은 어떤 모습일까?
- 인구는 몇 명이나 될까?
- 무엇을 볼 수 있을까?
- 어떤 시설이 있을까?

2 촌락과 도시를 조사하는 방법을 정합니다.

촌락과 도시는 다양한 방법으로 조사할 수 있어.

지역 사진이나 지도 살펴보기

신문이나 방송 프로그램 찾아보기

인터넷으로 관련 자료 수집하기

지역을 잘 아는 분께 여쭈어보기

현장에 직접 찾아가 살펴보기

③ 다양한 방법으로 촌락과 도시 조사하기

지역 사진으로 비교하기

태안군과 포항시의 자연환경은 비슷하지만, 촌락인 태안군과 도시인 포항시의 생활 모습은 차이가 있구나.

← → 충청남도 태안군

태안군 사진에서 항구와 고기잡이배들이 보입니다. 태안군에는 물고기를 잡는 등 어업에 종사하는 사람이 많습니다.

← → 경상북도 포항시

포항시 사진에서 큰 공장들이 많이 보입니다. 포항시에는 공장에서 물건을 만드는 일을 하는 사람이 많습니다.

디지털 영상 지도로 영화관 수 비교하기

태안군

디지털 영상 지도를 보니 태안군에는 두 곳의 영화관이 있습니다.

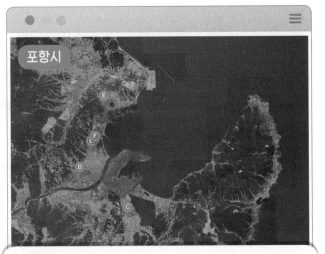

포항시

디지털 영상 지도를 보니 포항시에는 다섯 곳의 영화관이 있습니다.

태안군보다 더 많은 사람이 살고 있는 포항시에 영화관도 더 많이 있어.

지역 사진, 디지털 영상 지도 외에도 조사할 지역의 시청·군청 누리집에 들어가면 지역에 대한 다양한 정보를 얻을 수 있어.

4 촌락과 도시의 비교 내용을 보고서로 작성하기

촌락과 도시 비교 보고서

조사 항목		촌락	도시
어디를 조사하였나요?		충청남도 태안군	경상북도 포항시
조사 지역은 어떤 모습인가요?			
공통점은 무엇인가요?		• 바닷가에 있습니다. • 여러 사람들이 모여 삽니다. • 자연환경과 더불어 살아갑니다.	
차이점은 무엇인가요?	사람들이 하는 일	물고기를 잡거나 어촌 체험을 할 수 있도록 돕는 일을 하는 사람이 많습니다.	공장에서 일하거나 상점에서 일하는 사람이 많습니다.
	주택과 건물 모습	단독 주택과 낮은 건물이 많습니다.	아파트와 높은 건물이 많습니다.
	인구	약 6만 명 정도로 비교적 인구가 적습니다.	약 50만 명 정도로 비교적 인구가 많습니다.
	교통 시설	좁은 도로가 많고, 도로에 차가 많지 않습니다.	도로가 잘 정비되어 있고, 넓은 도로에 차가 많습니다.
	문화·편의 시설	대형 할인점, 영화관, 종합 병원 등이 많지 않습니다.	대형 할인점, 영화관, 종합 병원 등이 많습니다.
생각하거나 느낀 점은 무엇인가요?		• 촌락과 도시에 사는 사람들 모두 자연환경을 다양한 방법으로 이용하고 있으며, 주변 환경과 조화를 이루며 살아가려고 노력하는 것 같습니다. • 촌락과 도시가 주변 환경을 이용하는 모습이 다른 까닭을 조금 더 조사해 보고 싶습니다.	

촌락과 도시를 비교해 보니 촌락은 자연환경을 이용한 산업이 발달하였고, 도시는 물건을 만들거나 편리한 생활을 도와주는 산업이 발달하였구나.

맞아. 나는 촌락과 도시 둘 다 자연환경을 다양한 방법으로 이용하고 있지만, 촌락과 도시가 자연환경을 이용하는 모습은 서로 다르다는 것을 알았어.

개념 정리하기

1. 촌락과 도시를 비교하는 과정

조사할 촌락과 도시 정하기	자연환경이 비슷한 촌락과 도시를 정합니다.
조사할 내용과 방법 정하기	• 조사할 내용 정하기: 사람들이 자연환경을 어떻게 이용하는지, 사람들은 주로 무슨 일을 하는지, 주택과 건물은 어떤 모습인지 등을 조사합니다. • 촌락과 도시의 조사 방법: 지역 사진이나 지도 살펴보기, 신문이나 방송 프로그램 찾아보기, 인터넷으로 관련 자료 수집하기, 지역을 잘 아는 분께 여쭈어보기, 현장에 직접 찾아가 살펴보기 등이 있습니다.
촌락과 도시 조사하기	촌락과 도시를 다양한 조사 방법을 이용하여 조사합니다. 예 • 지역 사진으로 촌락과 도시의 모습을 비교합니다. 　• 디지털 영상 지도로 촌락과 도시의 영화관 수를 비교합니다.
보고서 작성하기	촌락과 도시의 공통점과 차이점 등 조사 내용을 보고서로 작성합니다.

2. 촌락과 도시의 공통점과 차이점

공통점	• 사람들이 마을을 이루며 살고 있습니다. • 사람들이 자연환경과 더불어 살아갑니다.
차이점	• 촌락보다 도시에 많은 사람이 살고 있습니다. • 촌락은 높은 건물이 많지 않으나, 도시는 높은 건물이 많습니다. • 촌락은 도로가 넓지 않고 차가 많이 다니지 않지만, 도시는 도로가 넓고 차가 많이 다닙니다. • 촌락은 자연환경을 이용한 산업이 발달하였고, 도시는 물건을 만들거나 편리한 생활을 도와주는 산업이 발달하였습니다.
생각하거나 느낀 점	촌락과 도시 사람들이 모두 자연환경을 다양한 방법으로 이용하고 있으며, 주변 환경과 조화를 이루며 살아가려고 노력하는 것 같습니다.

초성 퀴즈　다음 초성을 보고, 핵심 단어를 위에서 찾아 써 봅시다.　　　|　정답과 해설 2쪽

1 촌락과 도시를 비교할 때는 자연환경이 ㅂ ㅅ ㅎ 촌락과 도시를 정합니다.

2 촌락은 ㅈ ㅇ ㅎ ㄱ 을 이용한 산업이 발달하였고, 도시는 물건을 만들거나 생활을 도와주는 산업이 발달하였습니다.

문제로 확인하기

| 정답과 해설 2쪽

1 촌락과 도시를 비교할 때 살펴봐야 할 점으로 알맞지 <u>않은</u> 것은 어느 것입니까?
( )

① 어떤 시설이 있을까?　　　　　　② 인구는 몇 명이나 될까?

③ 주택과 건물의 모습은 어떠할까?　　④ 사람들은 주로 무슨 일을 할까?

⑤ 사람들이 계절에 따라 입는 옷은 무엇일까?

2 다음 보기 에서 촌락과 도시의 모습을 조사하는 방법으로 알맞은 것을 모두 골라 기호를 쓰시오.

보기
ㄱ 지역 사진과 지도를 살펴본다.　　ㄴ 현장에 직접 찾아가 살펴본다.
ㄷ 지역을 잘 아는 분께 여쭈어본다.　　ㄹ 도서관에 가서 위인전을 찾아본다.

( )

3 다음 (가), (나) 지역을 촌락과 도시로 구분하여 각각 쓰시오.

(가)　　　　　　　　　　　(나)

(가): ( )
(나): ( )

4 촌락과 도시를 옳게 비교한 어린이를 모두 골라 이름을 쓰시오.

• 가연: 도시에는 촌락보다 사람들이 많이 살아.
• 나영: 촌락과 도시 사람들은 서로 하는 일이 똑같아.
• 다민: 촌락은 도시보다 도로가 넓지 않고 차가 많이 다니지 않아.

( )

오늘의 핵심

❶ 디지털 영상 지도를 이용하면 촌락과 도시를 조사할 수 있습니다. (O . X)

❷ 도시에는 촌락보다 높은 건물이 (**많습니다** . 적습니다).

❸ 촌락과 도시 사람들 중 촌락 사람들만 자연환경과 더불어 살아갑니다. (O . X)

촌락 문제를 해결하기 위한 노력

촌락에서는 일할 사람이 부족하고 소득이 줄어들기도 하는 등의 어려움을 해결하고자 다양한 노력을 하고 있습니다.

1. **촌락 문제**: 촌락에서는 일손 부족, 소득 감소, 시설 부족 등의 문제가 나타나고 있습니다.

2. **촌락 문제를 해결하기 위한 노력**

일손 부족 문제의 해결 노력	다양한 기계를 개발하고 이용하여 일손 부족 문제를 해결하고 생산량도 늘리고 있습니다.
소득을 올리기 위한 노력	농수산물의 품질을 높이고, 농수산물의 판매 방법을 다양화하여 소득을 높이고 있습니다.
다양한 시설을 만들기 위한 노력	• 폐교나 마을 회관 등을 이용하여 문화 시설을 만들거나 다양한 편의 시설을 늘리고 있습니다. • 공공 기관에서는 촌락 사람들이 이동하는 데 도움을 주고자 공영 버스나 공영 택시를 지원하고 있습니다.
인구를 늘리기 위한 노력	귀촌을 하려는 사람들이 촌락에 잘 적응하며 살 수 있도록 지원하고 있습니다.

1 촌락의 인구 변화

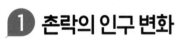

그래프를 보면 촌락의 인구가 줄어들고 있다는 것을 알 수 있어.

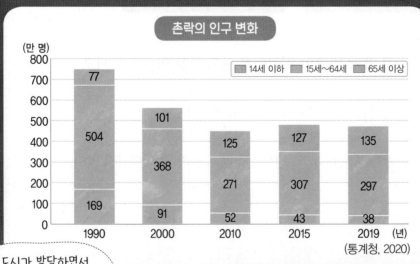

촌락의 인구 변화

(만 명)

범례: 14세 이하 / 15세~64세 / 65세 이상

	1990	2000	2010	2015	2019
65세 이상	77	101	125	127	135
15세~64세	504	368	271	307	297
14세 이하	169	91	52	43	38

(년)
(통계청, 2020)

이 때문에 촌락에는 촌락에 사는 노인 인구(65세 이상)는 늘어나고 있지만 유소년 인구(14세 이하)는 줄어드는 현상이 심해지고 있어.

도시가 발달하면서 촌락에 살던 젊은 사람들이 일자리를 찾아 도시로 떠났기 때문이야.

2 촌락에서 나타나는 문제

촌락의 인구가 줄어들면서 촌락에는 어떤 문제가 생겼을까?

일손 부족

일할 사람이 부족해.

일을 할 수 있는 젊은 사람들이 떠나서 일손이 부족합니다.

소득 감소

외국에서 값싼 농산물이 많이 들어와서 걱정이야.

외국에서 값싼 농산물이 들어와 애써 기른 농산물이 제값을 받지 못합니다.

촌락에 교통 시설, 문화 시설, 의료 시설 등이 부족해지면 촌락 사람들이 생활하는 데 불편을 겪을 수 있어.

시설 부족

병원이 너무 멀어요.

버스가 자주 오지 않아 오래 기다려야 해요.

의료 시설이 부족하면 근처에 병원이 없어서 멀리까지 나가야 하고, 교통 시설이 부족하면 일이 있을 때 다른 지역을 오가는 것이 불편합니다.

새로운 입학생이 없어서 우리 학교가 문을 닫았어요.

학생 수가 줄면서 문을 닫는 학교가 늘어나 학생들은 거리가 먼 다른 지역으로 전학을 가는 등 불편을 겪고 있습니다.

③ 촌락 문제를 해결하기 위한 노력

일손 부족 문제를 해결하려는 노력

농기계로 벼를 수확하는 모습

농기계를 이용하여 농사를 지으면 일손이 많이 필요하지 않고 편리하게 농사를 지을 수 있습니다.

첨단 기술로 숭어를 양식하는 모습

자동화, 원격 관리 등 첨단 기술로 물고기를 기르고 있습니다.

> 촌락에서는 다양한 기계를 이용하여 촌락의 일손 부족 문제를 해결하고 생산량을 늘리고 있어.

> 촌락이 바쁜 시기에는 공공 기관에서 일손을 지원하거나 일할 수 있는 사람을 연결해 주기도 해.

소득을 올리기 위한 노력

새로운 품종의 농산물 개발

농수산물의 품질을 높이고 품종을 새롭게 개발하여 소득을 높이고 있습니다.

지역 특산물을 홍보하는 축제의 개최

지역 농수산물의 우수성을 홍보하는 축제를 개최하여 소득을 높이고 있습니다.

> 품질이 높은 농수산물을 생산하면 농수산물의 가격이 높아져 촌락 사람들의 소득이 올라갈 수 있어.

인터넷을 이용한 농수산물 판매

텔레비전 홈 쇼핑, 인터넷 거래 등 농수산물의 판매 방법을 다양화하여 소득을 높이고 있어.

다양한 시설을 만들기 위한 노력

작은 영화관 건립

가까운 곳에서 문화 생활을 할 수 있도록 작은 영화관을 만듭니다.

폐교나 마을 회관 활용

폐교나 마을 회관을 이용하여 문화 시설 또는 편의 시설, 공동 작업장 등을 만듭 니다.

공영 행복 버스 운영

병원이 부족한 곳에는 의료 지원 활동을 하는 버스가 오기도 해.

공공 기관에서는 *공영 버스나 공영 택시를 지원해 촌락에 사는 사람들이 이동하는 데 도움을 주고자 노력하고 있습니다.

*공영 버스 및 공영 택시: 공공 기관에서 관리, 운행하는 버스 및 택시로, 요금이 무료이거나 할인됨.

촌락에서는 시설 부족 문제를 해결하기 위해 문화 시설을 만들거나 생활에 도움을 주는 다양한 편의 시설을 늘리는 등의 노력을 하고 있어.

인구를 늘리기 위한 노력

최근에는 촌락에서 자연과 함께 여유로운 생활을 누리고, 새로운 농사일을 배우기 위해 도시 사람들이 *귀촌하고 있대.

↑ 귀촌 현장 체험 교육을 받는 사람들

촌락에서는 귀촌 인구를 늘리기 위해 촌 락 생활을 홍보하고, 정착에 도움이 되는 여러 가지 정보를 제공하고 있습니다.

↑ 귀촌 박람회에서 귀촌을 홍보하는 모습

*귀촌: 도시에 사는 사람들이 촌락으로 삶의 터전을 옮기는 것

촌락에서는 귀촌하는 사람들이 촌락에서 잘 적응할 수 있도록 정착 비용과 농업 창업 비용을 지원해 주고, 각종 농업 관련 교육과 상담도 지원하고 있어.

개념 정리하기

1. 촌락의 인구 변화

① 인구 감소: 도시가 발달하면서 촌락에 살던 사람들이 일자리를 찾아 도시로 이동하여 촌락의 인구가 점점 줄어들었습니다.

② 노인 인구 증가: 촌락에 사는 노인 인구(65세 이상)는 늘어나고, 유소년 인구(14세 이하)는 줄어들고 있습니다.

2. 촌락에서 나타나는 문제

① 일손 부족: 일을 할 수 있는 젊은 사람들이 떠나서 일손이 부족합니다.

② 소득 감소: 외국에서 값싼 농산물이 들어와 애써 기른 농수산물이 제값을 받지 못해 소득이 줄어들기도 합니다.

③ 시설 부족: 생활하는 데 필요한 교통 시설, 의료 시설, 문화 시설 등이 부족하여 불편을 겪고 있습니다.

3. 촌락 문제를 해결하기 위한 노력

일손 부족 문제의 해결 노력	다양한 기계를 개발하고 이용하여 일손 부족 문제를 해결하고 생산량도 늘리고 있습니다.
소득을 올리기 위한 노력	• 농수산물의 품질을 높이고 품종을 새롭게 개발하여 소득을 높이고 있습니다. • 지역 농수산물의 우수성을 홍보하는 축제를 개최하여 소득을 높이고 있습니다. • 텔레비전 홈 쇼핑, 인터넷 거래 등 농수산물의 판매 방법을 다양화하여 소득을 높이고 있습니다.
다양한 시설을 만들기 위한 노력	• 폐교나 마을 회관 등을 이용하여 문화 시설을 만들거나 생활에 도움을 주는 다양한 편의 시설을 늘리고 있습니다. • 공공 기관에서는 촌락 사람들이 이동하는 데 도움을 주고자 공영 버스나 공영 택시를 지원하고 있습니다.
인구를 늘리기 위한 노력	귀촌을 하려는 사람들이 촌락에 잘 적응하며 살 수 있도록 지원하고, 촌락 생활에 관련된 다양한 정보를 제공하고 있습니다.

초성 퀴즈 다음 초성을 보고, 핵심 단어를 위에서 찾아 써 봅시다.

| 정답과 해설 3쪽

1 촌락에 사는 ㄴ ㅇ 인구는 늘어나고, 유소년 인구는 줄어들고 있습니다.

2 촌락에서는 일을 할 수 있는 젊은 사람들이 떠나서 ㅇ ㅅ 이 부족합니다.

3 촌락에서는 인구를 늘리기 위해 ㄱ ㅊ 을 하려는 사람들에게 다양한 정보를 제공하고 있습니다.

문제로 확인하기

1 다음 그래프를 보고, ㉠, ㉡에 들어갈 알맞은 내용을 각각 쓰시오.

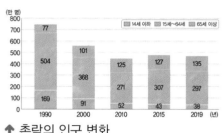
↑ 촌락의 인구 변화

촌락의 인구 중에서 65세 이상 (㉠) 인구는 늘어나고, 14세 이하 (㉡) 인구는 줄어들고 있습니다.

㉠: (   ), ㉡: (   )

2 촌락의 소득 감소 문제를 해결하기 위한 노력으로 알맞은 것은 어느 것입니까? (   )

① 품질 좋은 농수산물을 생산한다.
② 외국에서 값싼 농산물을 들여온다.
③ 공영 버스나 공영 택시를 지원한다.
④ 촌락에 문화 시설과 편의 시설을 늘린다.
⑤ 귀촌하려는 사람들을 적극적으로 지원한다.

3 촌락에서 발생하는 문제를 해결할 수 있는 방법을 <u>잘못</u> 말한 어린이는 누구인지 쓰시오.

편의 시설을 늘려야 해.
하준

귀촌을 금지하는 법을 만들어야 해.
윤아

농기계를 이용해 농사를 지어야 해.
동우

(   )

4 다음과 같은 해결 노력과 관계 깊은 촌락 문제는 어느 것입니까? (   )

↑ 작은 영화관 건립

↑ 폐교를 활용한 문화 시설

① 소음 문제
② 교통 혼잡 문제
③ 환경 오염 문제
④ 일손 부족 문제
⑤ 시설 부족 문제

오늘의 핵심

❶ 촌락의 인구 중에서 노인 인구는 (늘어나고 · 줄어들고) 있습니다.

❷ 촌락에서는 다양한 기계를 개발하고 이용하여 일손 부족 문제를 해결하고 생산량도 늘리고 있습니다. (O · X)

도시 문제를 해결하기 위한 노력

도시에 많은 사람이 모여 살면서 도시에는 여러 가지 문제가 발생합니다.

1. **도시에서 나타나는 문제**: 도시에는 주택 문제, 교통 문제, 환경 문제 등 다양한 문제가 나타나고 있습니다.

2. **도시 문제를 해결하기 위한 노력**

주택 문제 해결 노력	새로 짓는 주택을 높게 짓거나 낡고 오래된 주택을 새롭게 정비합니다.
교통 문제 해결 노력	대중교통 수단을 늘리고 버스 전용 차로제를 시행하며, 공영 주차장을 건설합니다.
환경 문제 해결 노력	쓰레기는 분리배출하고, 오염을 정화하는 쓰레기 처리 시설이나 하수 처리 시설을 늘립니다.

3. **살기 좋은 촌락과 도시를 만들기 위한 노력**: 촌락과 도시에서 해결해야 할 문제에 대해 많은 사람과 여러 기관이 관심을 기울이고, 문제 해결을 위해 함께 노력해야 합니다.

1 도시 문제가 발생하는 까닭

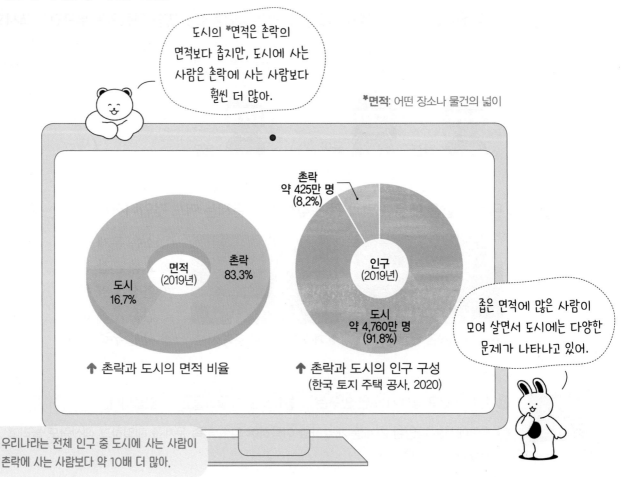

도시의 *면적은 촌락의 면적보다 좁지만, 도시에 사는 사람은 촌락에 사는 사람보다 훨씬 더 많아.

*면적: 어떤 장소나 물건의 넓이

촌락 약 425만 명 (8.2%)

면적 (2019년) 촌락 83.3%

도시 16.7%

인구 (2019년)

도시 약 4,760만 명 (91.8%)

↑ 촌락과 도시의 면적 비율

↑ 촌락과 도시의 인구 구성 (한국 토지 주택 공사, 2020)

좁은 면적에 많은 사람이 모여 살면서 도시에는 다양한 문제가 나타나고 있어.

우리나라는 전체 인구 중 도시에 사는 사람이 촌락에 사는 사람보다 약 10배 더 많아.

② 도시에서 나타나고 있는 문제

**주택
문제**

↑ 낡고 오래된 주택

도시에는 인구에 비해 주택이 부족하고, 새로 짓거나 고쳐야 할 오래된 주택이 많습니다.

> 도시에는 집값이 너무 비싸 집을 구하기 어려운 문제도 나타나고 있어.

**교통
문제**

↑ 교통 혼잡

↑ 부족한 주차 공간

도시에는 이동하는 차가 많아 교통이 혼잡하고, 교통사고도 자주 발생할 수 있습니다.

> 특히 많은 사람이 이동하는 출퇴근 시간에는 교통 혼잡 문제가 심각해.

도시에는 차가 많아 주차 공간이 부족하고, 불법 주차된 자동차 때문에 사람들이 불편을 겪기도 합니다.

**환경
문제**

↑ 공장에서 나오는 매연

↑ 불법 *투기된 쓰레기

도시에는 공장과 자동차가 늘어나고 쓰레기 배출이 증가하면서 물 오염, 대기 오염, 쓰레기 문제 등 여러 가지 환경 문제가 발생합니다.

 이 밖에도 도시에는 범죄 증가, 소음 공해 등의 문제가 나타나고 있어.

*투기: (물건 등을) 내던져 버리는 것

③ 도시 문제를 해결하기 위한 노력

주택 문제를 해결하려는 노력

집을 많이 지어 사람들이 집을 쉽게 구할 수 있도록 하고, 형편이 어려운 사람들에게 주택을 싼값에 빌려줍니다.

도시에서는 새로 짓는 주택을 높게 짓거나 낡은 주택을 새롭게 정비하기 위해 노력하고 있어.

이 밖에도 자전거 도로를 만들어 사람들이 가까운 거리는 자전거를 이용할 수 있도록 노력하고 있어.

교통 문제를 해결하려는 노력

도시에서는 사람들이 대중교통을 많이 이용할 수 있도록 대중교통 수단을 늘리거나 버스 전용 차로제를 시행하고 있어.

버스를 편리하게 이용할 수 있도록 버스 전용 차로제를 시행합니다.

거주자 우선 주차 제도를 시행하고 공영 주차장을 건설합니다.

환경 문제를 해결하려는 노력

쓰레기를 줄이기 위해 노력하고, 발생된 쓰레기는 분리배출합니다.

물을 깨끗하게 할 수 있는 하수 처리 시설을 늘립니다.

자동차에서 배출되는 배기가스를 줄이기 위해 친환경 전기 자동차의 보급을 늘리기도 해.

4 살기 좋은 촌락과 도시 만들기

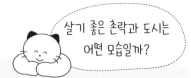
살기 좋은 촌락과 도시는 어떤 모습일까?

살기 좋은 촌락과 도시의 조건

살기 좋은 촌락

촌락에서는 아름다운 자연환경을 많이 볼 수 있어요.

건강한 농수산물을 생산하여 사람들에게 먹을거리를 제공해요.

살기 좋은 도시

도시에는 회사와 공장 등이 많아 일자리가 다양해요.

문화 시설과 편의 시설이 다양해요.

다양하고 편리한 교통수단이 많아요.

촌락인 해남군에서는 인구를 늘리려고 여러 노력하고 있구나.

촌락과 도시에서 해결해야 할 문제들은 많은 사람과 여러 기관이 관심을 기울이고, 문제 해결을 위해 함께 노력하면 풀 수 있어.

살기 좋은 촌락과 도시를 만들기 위한 노력

전라남도 해남군, 인구 증가 정책 시행

해남군은 신생아 양육비, 임산부 영양 관리 등을 지원하여 아이 기르기 좋은 해남을 만들기 위해 노력하고 있다. 그 결과 해남군은 2012년부터 7년 연속 출산율 전국 1위라는 결실을 이루었다.

이 밖에도 귀촌인들이 안정적으로 자리 잡을 수 있도록 다양한 지원을 하고 있다.

– 해남군청 누리집, 2019.

울산광역시, 태화강 오염 문제 해결

대규모 산업 단지가 세워지고 인구가 늘어나면서 오염된 태화강을 살리려고 울산광역시, 시민, 환경 단체가 힘을 합쳤다.

↑ 태화강 대나무 숲을 청소하는 시민

울산광역시는 태화강의 물을 깨끗하게 하는 시설을 세웠고, 시민들은 자발적으로 청소하는 등 여러모로 노력하여 태화강 오염 문제를 해결하였다. 또한 강 주변에 생태 공원을 만들어 태화강을 시민들의 휴식 공간으로 만들었다.

도시인 울산광역시에서는 시민들과 여러 기관이 힘을 합쳐 태화강 오염 문제를 해결할 수 있었어.

개념 정리하기

1. 도시 문제가 발생하는 까닭: 우리나라는 전체 인구 중 도시에 사는 인구가 매우 많기 때문입니다.

2. 도시에서 나타나는 문제

① 주택 문제: 인구에 비해 주택이 부족하고, 새로 짓거나 고쳐야 할 오래된 주택이 많습니다. 또한 집값이 너무 비싸 집을 구하기 어렵습니다.

② 교통 문제: 이동하는 차가 많아 교통이 혼잡하고, 주차 공간이 부족합니다.

③ 환경 문제: 공장과 자동차가 늘어나고 쓰레기 배출이 증가하면서 물 오염, 대기 오염, 쓰레기 문제 등이 발생합니다.

④ 이 밖에도 범죄 증가, 소음 공해 등의 문제가 있습니다.

3. 도시 문제를 해결하기 위한 노력

주택 문제 해결 노력	• 새로 짓는 주택을 높게 짓거나 낡고 오래된 주택을 새롭게 정비합니다. • 집을 많이 짓고, 형편이 어려운 사람들에게 주택을 싼값에 빌려줍니다.
교통 문제 해결 노력	• 대중교통 수단을 늘리고 버스 전용 차로제를 시행합니다. • 거주자 우선 주차 제도를 시행하고 공영 주차장을 건설합니다.
환경 문제 해결 노력	• 쓰레기를 줄이기 위해 노력하고, 발생된 쓰레기는 분리배출합니다. • 오염을 정화하는 쓰레기 처리 시설이나 하수 처리 시설을 늘립니다. • 자동차에서 나오는 배기가스를 줄이기 위해 친환경 전기 자동차의 보급을 늘립니다.

4. 살기 좋은 촌락과 도시 만들기

① 살기 좋은 촌락과 도시의 조건

살기 좋은 촌락의 조건	아름다운 자연환경을 많이 볼 수 있는 곳, 건강한 농수산물이 생산되는 곳 등입니다.
살기 좋은 도시의 조건	회사와 공장 등이 많아 일자리가 다양한 곳, 다양하고 편리한 교통수단이 많은 곳, 문화 시설과 편의 시설이 잘 갖추어져 있는 곳 등입니다.

② 살기 좋은 촌락과 도시를 만들기 위한 노력: 촌락과 도시에서 해결해야 할 문제에 대해 많은 사람과 여러 기관이 관심을 기울이고, 문제 해결을 위해 함께 노력해야 합니다.

초성 퀴즈 **다음 초성을 보고, 핵심 단어를 위에서 찾아 써 봅시다.** | 정답과 해설 3쪽

1 ┌ ㅅ 에 사는 인구가 많아지면서 주택 문제, 교통 문제, 환경 문제 등이 발생하고 있습니다.

2 도시에서는 ㅎ ㄱ 문제를 해결하고자 오염을 정화하는 쓰레기 처리 시설이나 하수 처리 시설을 늘리는 등의 노력을 합니다.

1 다음 ☐ 안에 공통으로 들어갈 알맞은 말을 쓰시오.

> 우리나라는 전체 인구 중 ☐ 에 사는 인구가 매우 많습니다. ☐ 에 사는 인구가 많아지면서 여러 가지 문제가 발생하고 있습니다.

( )

2 다음 보기 중 도시에서 주로 나타나는 문제를 모두 골라 기호를 쓰시오.

> 보기
> ㉠ 쓰레기 문제 ㉡ 교통 혼잡 문제
> ㉢ 일손 부족 문제 ㉣ 주택 부족 문제
> ㉤ 주차 공간 부족 문제

( )

3 도시에서 발생하는 다양한 문제를 해결하기 위한 노력으로 볼 수 없는 것은 어느 것입니까? ( )

① 대중교통 수단을 늘린다.
② 품질 좋은 농수산물을 생산한다.
③ 오염을 정화하는 시설을 설치한다.
④ 낡고 오래된 주택을 새롭게 정비한다.
⑤ 버스 전용 차로제, 거주자 우선 주차 제도 등을 시행한다.

4 다음 빈칸에 들어갈 알맞은 말을 두 가지 고르시오. (,)

> 살기 좋은 촌락과 도시를 만들기 위해서는 촌락과 도시에서 나타나는 문제들을 해결해야 합니다. 이를 위해서는 많은 사람과 여러 기관의 ( )이 필요합니다.

① 경쟁 ② 관심 ③ 노력 ④ 편견 ⑤ 이기심

오늘의 핵심

❶ 우리나라는 전체 인구 중 도시에 사는 인구가 매우 많기 때문에 다양한 도시 문제가 발생합니다. (O . X)

❷ 도시의 교통 문제를 해결하기 위해서는 (버스 전용 차로제 시행 . 하수 처리 시설 설치) 등의 노력을 해야 합니다.

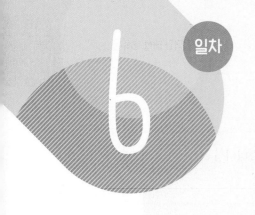

교류의 의미와 필요성

지역마다 생산물, 기술, 문화 등이 다르기 때문에 교류가 이루어지고 있습니다.

1. **교류**: 사람들이 서로 다른 지역을 오고 가거나 물건, 문화, 기술 등을 주고받는 것입니다.

2. **다양한 교류의 모습**
   - 자기 주변에서 접하지 못하는 것들을 체험하러 다른 지역으로 갑니다.
   - 다른 지역의 자연환경을 이용하여 얻은 과일을 구매합니다.
   - 사물놀이 패가 공연을 하려고 다른 지역에서 왔습니다.
   - 다른 지역에서 만든 물건을 구매합니다.

3. **교류의 필요성**
   - 지역마다 생산되는 농수산물과 공산품이 다릅니다.
   - 지역마다 가진 기술의 종류가 다릅니다.
   - 지역에 따라 문화가 다릅니다.

1 교류의 의미

> 동우는 농촌에 있는 삼촌 댁을 방문했고, 삼촌은 동우가 사는 도시의 백화점에 다녀가셨어.

도시에 사는 동우의 일기

날짜: 20○○년 7월 16일 토요일
제목: 수박 따기

방학을 맞아 우리 가족은 농촌에 사시는 삼촌 댁에 놀러 갔다. 시장에서만 보던 수박이 삼촌 댁 주변의 밭에 주렁주렁 열려 있었다. 밭에서 수박을 따 와 집에 돌아와 맛있게 먹었다.

날짜: 20○○년 8월 21일 일요일
제목: 백화점에서 옷 사기

오늘 우리 집에 삼촌께서 오셨다. 가끔 삼촌은 백화점에서 물건을 사야 할 때 우리 집에 오시곤 하신다. 삼촌 댁 주변에는 백화점이 없기 때문이다. 삼촌은 백화점에서 옷을 사시면서 내 옷도 사주셨다.

> 동우는 농촌에 있는 삼촌 댁 밭에서 딴 수박을 가져왔고, 삼촌께서는 도시에 있는 백화점에서 옷을 사가셨어.

> 이렇게 사람들이 서로 다른 지역을 오고 가거나 물건, 문화, 기술 등을 주고받는 것을 교류라고 해.

2 다양한 교류의 모습

우리 주위에서 이루어지는 교류는 어떤 모습일까?

갯벌 체험을 하러 가족과 함께 △△군에 왔어요.

자기 주변에서 접하지 못하는 것들을 체험하러 다른 지역으로 갑니다.

과일가게

☆☆☆에서 온 맛있는 굴입니다.

다른 지역의 자연환경을 이용하여 얻은 과일을 구매합니다.

사람들은 생산물, 기술, 문화 등을 주고받으면서 교류하고 있구나.

다음은 ○○시에서 온 사물놀이 패의 순서입니다.

사물놀이 패가 공연을 하려고 다른 지역에서 왔습니다.

이 자동차는 □□시에 있는 공장에서 만들었어.

다른 지역에서 만든 물건을 구매합니다.

3 교류의 필요성

교류가 필요한 까닭

지역에 따라 자연환경과 인문환경이 다르기 때문에 지역마다 생산되는 생산물이 다르고, 발달한 기술의 종류와 문화가 달라.

교류를 하면

농촌에서는 농산물, 산지촌에서는 임산물, 어촌에서는 수산물, 도시에서는 공산품을 주로 생산해.

지역마다 생산되는 농수산물과 *공산품이 다릅니다.

＊**공산품**: 재료를 사람의 힘이나 기계의 힘으로 가공하여 만들어 내는 물품

우리 지역에서는 생산되지 않지만 다른 지역에서는 생산되는 먹을거리나 물건을 살 수 있습니다.

지역마다 가진 기술의 종류가 다릅니다.

다른 지역으로 가서 일자리를 구하거나 전문 지식, 기술 등을 배울 수 있습니다.

지역에 따라 문화가 다릅니다.

다른 지역의 공연이나 축제 등에 참여하여 그 지역의 문화를 접할 수 있습니다.

서로의 지역에서 생산된 것들을 주고받기 때문에 내가 살고 있는 곳에서 생산하지는 않지만 생활에 필요한 것을 구할 수 있구나!

교류의 필요성 이해하기

현장 체험 학습 보고서

○○초등학교 4학년 ○반 이름: ○○○

체험 날짜	20◇◇년 ◇◇월◇◇일
체험 장소	강원특별자치도 산간 지역
체험 내용	

오늘은 가족과 강원특별자치도 산간 지역으로 체험 학습을 다녀왔습니다. 점심으로 강원특별자치도 산간 지역에서 유명하다는 ❶ 막국수를 먹고, 동물을 좋아하는 동생을 위해 ❷ 목장 체험도 하였습니다. 우리 지역에서는 볼 수 없는 양에게 직접 먹이를 주고, 만져도 보는 특별한 경험을 하였습니다.

---

❶의 교류 내용

● 무엇을 체험하였나요?
→ 강원특별자치도 산간 지역에서 재배한 메밀로 만든 막국수를 먹었습니다.
● 무엇을 교류하고 있나요?
→ 다른 지역의 농산물을 교류하고 있습니다.
● 왜 교류를 할까요?
→ 지역에 따라 자연환경이 달라 생산되는 농산물이 다르기 때문입니다.

❷의 교류 내용

● 무엇을 체험하였나요?
→ 목장에서 양에게 먹이를 주고, 양을 만져도 보았습니다.
● 무엇을 교류하고 있나요?
→ 다른 지역의 문화를 교류하고 있습니다.
● 왜 교류를 할까요?
→ 지역마다 유명한 문화나 체험지가 다르기 때문입니다.

사람들은 필요한 모든 것을 가지고 있을 수 없기 때문에, 필요한 것을 구하려고 교류를 하는구나.

개념 정리하기

1. 교류: 사람들이 서로 다른 지역을 오고 가거나 물건, 문화, 기술 등을 주고받는 것입니다.

2. 다양한 교류의 모습

① 자기 주변에서 접하지 못하는 것들을 체험하러 다른 지역으로 갑니다.
② 다른 지역의 자연환경을 이용하여 얻은 과일을 구매합니다.
③ 사물놀이 패가 공연을 하려고 다른 지역에서 왔습니다.
④ 다른 지역에서 만든 물건을 구매합니다.

3. 교류가 필요한 까닭: 지역에 따라 자연환경과 인문환경이 달라 지역마다 생산되는 생산물, 기술, 문화가 다르기 때문입니다.

지역마다 생산되는 농수산물과 공산품이 다릅니다.		우리 지역에서는 생산되지 않지만 다른 지역에서는 생산되는 먹을거리나 물건을 살 수 있습니다.
지역마다 가진 기술의 종류가 다릅니다.	교류를 하면	다른 지역으로 가서 일자리를 구하거나 전문 지식, 기술 등을 배울 수 있습니다.
지역에 따라 문화가 다릅니다.		다른 지역의 공연이나 축제 등에 참여하여 그 지역의 문화를 접할 수 있습니다.

4. 교류의 필요성 이해하기 예

오늘은 가족과 강원특별자치도 산간 지역으로 체험 학습을 다녀왔습니다. 점심으로 강원특별자치도 산간 지역에서 유명하다는 ❶ 막국수를 먹고, ❷ 목장 체험도 하였습니다.

- ❶의 교류 내용: 강원특별자치도 산간 지역에서 재배한 메밀로 만든 막국수를 먹었습니다. → 다른 지역의 농산물을 교류하고 있습니다.
- ❷의 교류 내용: 목장에서 양에게 먹이를 주고 양을 만져도 보았습니다. → 다른 지역의 문화를 교류하고 있습니다.

초성 퀴즈　다음 초성을 보고, 핵심 단어를 위에서 찾아 써 봅시다.　　　| 정답과 해설 3쪽

1 ㄱ ㄹ 는 사람들이 서로 다른 지역을 오고 가거나 물건, 문화, 기술 등을 서로 주고받는 것입니다.

2 지역에 따라 자연환경과 인문환경이 달라 생산되는 ㅅ ㅅ ㅁ , 기술, 문화 등이 다르기 때문에 교류가 이루어집니다.

문제로 확인하기

| 정답과 해설 3쪽

1 다음 ☐ 안에 들어갈 알맞은 말을 쓰시오.

> 사람들이 살아가는 데에는 다양한 물건과 서비스가 필요합니다. 사람들이 서로 다른 지역을 오고 가거나 물건, 문화, 기술 등을 주고받는 것을 ☐☐☐☐ 라고 합니다.

(   )

2 다음 보기 에서 교류의 사례로 알맞은 것을 모두 골라 기호를 쓰시오.

> **보기**
> ㉠ 다른 지역의 회사에서 일을 한다.
> ㉡ 공부를 하려고 다른 지역으로 이동한다.
> ㉢ 직접 생산한 농산물로 밥과 반찬을 만든다.
> ㉣ 상점에서 다른 지역에서 생산된 농산물을 구입한다.

(   )

3 교류가 이루어지는 까닭으로 알맞은 것을 <u>두 가지</u> 고르시오. (,   )

① 지역마다 문화가 다르기 때문이다.
② 지역마다 생산물이 다르기 때문이다.
③ 지역의 고유한 지명이 다르기 때문이다.
④ 사람들이 원하는 물건이 똑같기 때문이다.
⑤ 지역 사람들이 가지고 있는 기술이 비슷하기 때문이다.

4 다음 편지에서 지민이가 민준이와 교류하여 얻은 것은 무엇인지 쓰시오.

> 지민아, 안녕, 잘 지내고 있지? 나는 네가 보내 준 감과 버섯으로 맛있는 음식을 만들어 먹었어. 고마운 마음을 담아 우리 지역의 공연장에서 열리는 인형극 입장권을 보내. 빨리 만나서 즐거운 시간을 보내자!   – 민준이가

(   )

오늘의 핵심

❶ 교류는 사람들이 오고 가거나 물건만을 주고받는 것을 말합니다. (O . X)

❷ 지역마다 생산물, 기술, 문화 등이 (같기 . 다르기) 때문에 교류가 이루어집니다.

❸ 사람들이 일자리를 구하려고 다른 지역으로 가는 것은 교류에 해당합니다. (O . X)

촌락과 도시의 다양한 교류

촌락과 도시는 서로 도움을 주고받으며 발전합니다.

1. 도시 사람들이 촌락을 방문하는 까닭
- 도시 사람들은 촌락의 지역 축제에 참여하고 체험 마을을 방문하기 위해 촌락에 갑니다.
- 도시 사람들은 전통문화를 체험하려고 촌락을 찾습니다.
- 도시 사람들은 촌락의 깨끗한 자연환경과 신선한 농수산물을 이용하기 위해 촌락을 방문합니다.

2. 촌락 사람들이 도시를 방문하는 까닭
- 촌락 사람들은 백화점이나 대형 할인점에서 필요한 물건을 사기 위해 도시를 방문합니다.
- 촌락 사람들은 의료 시설, 공공 기관, 문화 시설을 이용하기 위해 도시를 찾습니다.

1 촌락과 도시의 교류

촌락

도시

촌락과 도시는 자연환경, 생산물, 기술, 문화 등이 다르기 때문에 서로 부족한 부분을 채우기 위해 교류해.

촌락은 사람들에게 다양한 농수산물을 제공합니다.

촌락은 사람들에게 깨끗한 자연환경을 제공합니다.

도시는 사람들에게 공장에서 생산한 물건을 제공합니다.

도시는 사람들에게 생활을 편리하게 해 주는 시설을 제공합니다.

❷ 도시 사람들이 촌락을 방문하는 까닭

촌락에서는 각 지역의 전통과 문화를 알리거나 자연환경, 특산물을 활용한 지역 축제가 열려.

지역 축제 참여

도시 사람들은 촌락의 특색 있는 문화를 체험할 수 있는 지역 축제에 참여하려고 촌락에 갑니다.

↑ 공주 군밤 축제

↑ 안동 국제 탈춤 페스티벌

체험 마을 방문

목장 체험

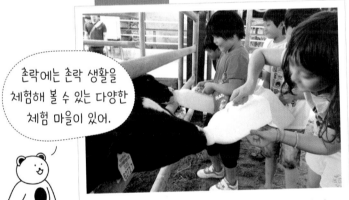

촌락에는 촌락 생활을 체험해 볼 수 있는 다양한 체험 마을이 있어.

도시 사람들은 목장에서 하는 일을 체험하고 다양한 동물을 보기 위해 촌락에 갑니다.

딸기 따기 체험

도시 사람들은 딸기 따기 체험을 하기 위해 촌락에 갑니다.

갯벌 체험

도시 사람들은 갯벌에서 조개 잡기 등 다양한 체험을 하기 위해 촌락에 갑니다.

도시 사람들은 촌락의 체험 마을에서 새로운 경험을 하며 여가를 즐길 수 있지.

전통문화 체험

 촌락에서는 전통 예절과 한복 입는 법 배우기, 전통 악기 연주하는 법 배우기, 전통 가옥 체험 하기 등 전통문화를 체험할 수 있어.

도시 사람들은 잘 보존된 촌락의 전통문화를 체험하기 위해 촌락 에 갑니다.

깨끗한 자연환경 이용

도시 사람들은 촌락의 깨끗한 자연환경을 이용하여 휴가와 여가를 즐기기 위해 촌락을 찾는구나.

도시 사람들은 물고기를 잡기 위해 강이나 바다가 있는 촌락에 갑니다.

도시 사람들은 숲이 울창한 산에서 맑은 공기 를 마시며 등산을 하기 위해 촌락에 갑니다.

신선한 농수산물 이용

촌락을 찾는 도시 사람들이 촌락에서 식당이나 상점, 숙박 시설을 이용하면서 촌락의 경제활동에 도움을 줄 수 있겠어.

도시 사람들은 신선하고 다양 한 농수산물을 사기 위해 촌락의 *로컬 푸드 매장에 갑니다.

*로컬 푸드: 소비자 가까이에서 생산된 농수산물

③ 촌락 사람들이 도시를 방문하는 까닭

상업 시설 이용

촌락 사람들은 각종 공산품을 구입할 수 있는 백화점이나 대형 할인점을 이용하려고 도시에 갑니다.

↑ 대형 할인점

촌락에는 큰 규모의 편의 시설과 첨단 기계를 갖춘 의료 시설이 부족하기 때문에 촌락 사람들은 이러한 시설들을 이용하려고 도시에 가.

의료 시설 이용

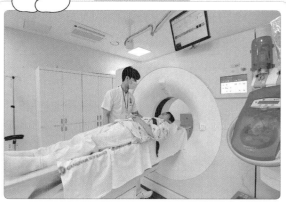

촌락 사람들은 아픈 곳을 치료할 수 있는 종합 병원을 이용하려고 도시에 갑니다.

↑ 종합 병원

공공 기관 이용

↑ 시청 민원 처리실

촌락 사람들은 법원, 시청, 도청 등 다양한 공공 기관을 이용하려고 도시에 갑니다.

↑ 법원

문화 시설 이용

촌락 사람들이 다양한 시설을 이용하기 위해 도시를 방문하면 어떤 점이 좋을까?

촌락 사람들이 도시의 시설을 이용하면서 주변 상점도 이용하기 때문에 도시의 경제에 도움을 줘.

촌락 사람들은 공연을 보거나 문화 체험을 하려고 도시에 갑니다.

↑ 미술관

개념 정리하기

1. 촌락과 도시의 교류

촌락은 사람들에게 다양한 농수산물과 깨끗한 자연환경을 제공합니다.

↕

도시는 사람들에게 공장에서 생산한 물건과 생활을 편리하게 해 주는 시설을 제공합니다.

2. 도시 사람들이 촌락을 방문하는 까닭

지역 축제 참여	도시 사람들은 촌락의 특색 있는 문화를 체험할 수 있는 지역 축제에 참여하려고 촌락에 갑니다.
체험 마을 방문	도시 사람들은 새로운 경험과 여가를 즐기려고 촌락 생활을 체험할 수 있는 체험 마을을 방문합니다.
전통문화 체험	도시 사람들은 전통문화를 체험하려고 촌락에 갑니다.
깨끗한 자연환경 이용	도시 사람들은 촌락의 깨끗한 자연환경을 이용하여 휴가와 여가를 즐기기 위해 촌락을 찾습니다.
신선한 농수산물 이용	도시 사람들은 신선하고 다양한 농수산물을 사기 위해 촌락의 로컬 푸드 매장에 갑니다.

↳ 교류를 통해 주고받는 도움: 도시 사람들이 촌락을 방문하는 동안 식당이나 상점, 숙박 시설을 이용하기 때문에 촌락의 경제활동에 도움을 줍니다.

3. 촌락 사람들이 도시를 방문하는 까닭

상업 시설 이용	촌락 사람들은 백화점이나 대형 할인점에서 필요한 물건을 사기 위해 도시를 방문합니다.
의료 시설 이용	촌락 사람들은 종합 병원을 이용하려고 도시에 갑니다.
공공 기관 이용	촌락 사람들은 다양한 공공 기관을 이용하려고 도시에 갑니다.
문화 시설 이용	촌락 사람들은 공연장에서 공연을 보거나 박물관에서 문화 체험을 하려고 도시에 갑니다.

↳ 교류를 통해 주고받는 도움: 촌락 사람들이 도시의 다양한 시설을 이용하면서 주변 상점도 이용하기 때문에 도시의 경제활동을 활발하게 해 줍니다.

초성 퀴즈 다음 초성을 보고, 핵심 단어를 위에서 찾아 써 봅시다.

| 정답과 해설 4쪽

1 도시 사람들은 깨끗한 자연환경을 이용하여 휴가와 여가를 즐기려고 ㅊ ㄹ 을 방문합니다.

2 촌락 사람들이 ㄷ ㅅ 의 다양한 시설을 이용하면서 주변 상점도 이용하기 때문에 ㄷ ㅅ 의 경제에 도움을 줍니다.

문제로 확인하기

| 정답과 해설 4쪽

1 다음 ☐ 안에 공통으로 들어갈 알맞은 말을 쓰시오.

> 도시 사람들은 지역 축제를 즐기고 자연에서 여가를 즐기며 ☐☐☐☐ 생활을 체험하려고 ☐☐☐ 을 찾습니다.

(   )

2 촌락에 있는 체험 마을에서 할 수 있는 활동으로 알맞지 <u>않은</u> 것은 어느 것입니까?

(   )

↑ 목장 체험

↑ 갯벌 체험

↑ 딸기 따기 체험

↑ 종합 병원 이용

3 도시의 다양한 시설을 이용하기 위해 도시를 방문한 촌락 사람의 모습으로 보기 <u>어려운</u> 것은 무엇입니까?

(   )

① "종합 병원에 진료를 받으러 왔어요."
② "백화점에서 새 옷을 사기 위해 왔어요."
③ "과수원의 일손을 도와주기 위해 왔어요."
④ "시청에서 필요한 서류를 받기 위해 왔어요."
⑤ "좋아하는 가수의 공연을 보기 위해 공연장에 왔어요."

4 촌락 사람들이 도시의 다음 시설을 이용하면서 도시 사람들에게 주는 좋은 점은 무엇입니까?

(   )

↑ 미술관

① 봉사 활동하기 편해진다.
② 전통문화를 쉽게 체험할 수 있다.
③ 여가를 보내는 사람들이 많아진다.
④ 도시의 경제활동을 활발하게 해 준다.
⑤ 싱싱한 농수산물을 싸게 구매할 수 있다.

오늘의 핵심

❶ 도시 사람들은 지역 축제에 참여하여 촌락의 특색 있는 문화를 체험할 수 있습니다.

(O · X)

❷ 촌락 사람들은 (공공 기관 · 깨끗한 자연환경) 을 이용하려고 도시에 갑니다.

8 일차

교류하며 상호 의존하는 촌락과 도시

촌락과 도시에 사는 사람들은 다양한 교류를 통하여 서로에게 도움을 주고 받으면서 상호 의존하고 있습니다.

1. 촌락과 도시의 상호 의존 모습

지역 축제	촌락 사람들은 먹거리나 즐길 거리 등을 통해 소득을 올릴 수 있고, 도시 사람들은 촌락의 문화를 경험할 수 있습니다.
직거래 장터	촌락 사람들은 수확한 농수산물을 제값을 받고 팔아 소득을 올릴 수 있고, 도시 사람들은 싱싱한 농수산물을 저렴하게 살 수 있습니다.
자매결연	촌락 사람들은 모자란 일손을 얻을 수 있고, 도시 사람들은 농사 짓기, 봉사 활동 등 다양한 경험을 할 수 있습니다.

2. 촌락과 도시의 교류 모습을 조사하는 방법: 누리집에서 검색하기, 홍보 자료 살펴보기, 면담하기, 교류 장소에 직접 방문하기 등을 통해 조사할 수 있습니다.

1 촌락과 도시의 *상호 의존 모습

*상호 의존: 서로 돕고 의지함.

지역 축제를 통한 교류

촌락 사람들은 촌락의 전통과 문화를 알릴 수 있고, 먹거리나 즐길 거리 등을 통해 소득을 올릴 수 있습니다.

도시 사람들은 촌락의 자연환경을 즐기거나 특색 있는 문화를 경험할 수 있습니다.

직거래 장터는 촌락에 사는 사람과 도시에 사는 사람 모두에게 경제적으로 도움이 되는구나.

*직거래 장터를 통한 교류

촌락 사람들은 수확한 농수산물을 중간 상인 없이 제값을 받고 팔아 소득을 올릴 수 있습니다.

도시 사람들은 싱싱한 농수산물을 저렴하게 살 수 있습니다.

*직거래 장터: 살 사람과 팔 사람이 직접 거래하는 장이 서는 터

자매결연을 맺은 도시의
기업이나 단체는 병원이 부족한 촌락을
찾아 진료 봉사 활동을 하기도 해.

*자매결연을 통한 교류

촌락 사람들은 모자란 일손을 얻고 지역의 농수산물을 홍보할 수 있습니다.

도시 사람들은 쉽게 체험할 수 없는 농사짓기, 봉사 활동 등 다양한 경험을 할 수 있습니다.

자매결연: 지역과 지역이 서로 돕거나 교류하려고 좋은 관계를 맺는 것

주말농장을 통한 교류

촌락 사람들은 사용하지 않는 땅을 주말농장으로 만들어 소득을 올릴 수 있습니다.

도시 사람들은 과일이나 채소를 직접 길러 먹을 수 있습니다.

체험 학습을 통한 교류

촌락 사람들은 도시 사람들이 체험할 때 내는 비용으로 소득을 높일 수 있습니다.

도시 사람들은 촌락의 자연환경과 문화를 경험할 수 있습니다.

촌락과 도시에 사는 사람들은
다양한 교류를 통해 부족한 것을
채우고 상호 의존하면서
살아가는구나.

② 촌락과 도시가 교류하는 모습 조사하기

지역의 시·군·구청
누리집에서 '교류'를 검색하거나
'자매결연 메뉴'를 찾아보면
여러 정보를 확인할 수 있어.

촌락과 도시의 교류 모습을 조사하는 방법

누리집에서 검색하기

시청이나 도청, 구청의 누리집이나 인터넷 신문 기사에서 촌락과 도시의 교류 사례를 검색할 수 있습니다.

홍보 자료 살펴보기

지역에서 발행하는 기록물이나 홍보 책자 등을 살펴보면 촌락과 도시가 교류하는 모습을 조사할 수 있습니다.

면담하기

촌락과 도시의 교류에 대해 잘 아는 분께 여쭈어볼 수 있습니다.

교류에 대해 잘 알고 있는
도청이나 시·군청의 담당자를
면담하는 것도 좋은 방법이야.

교류 장소에 직접 방문하기

촌락과 도시가 교류하는 장소를 직접 찾아가서 조사할 수 있습니다.

촌락과 도시의 교류 모습 조사 보고서

> 조사 보고서에 조사 주제,
> 조사 방법, 조사 자료,
> 조사하며 알게 된 점 등을
> 써 보자.

조사 주제	촌락과 도시가 교류하는 모습
조사 방법	인터넷에서 신문 기사 검색하기

조사 자료	**사례 1** 도시에 사는 사람들이 촌락 사람들과 교류하는 모습

부산광역시, 명절 앞두고 농축산물 직거래 장터 열어

　부산광역시는 명절을 앞두고 시청 앞에서 농축산물 직거래 장터를 열었다. 직거래 장터를 열면 중간 상인을 거치지 않기 때문에 촌락 사람들은 더 높은 가격에 농축산물을 팔 수 있고, 도시 사람들은 저렴한 가격에 농축산물을 살 수 있다.

사례 2 촌락에 사는 사람들이 도시 사람들과 교류하는 모습

화순군, 관광객을 늘리려 힘써

　전라남도 화순군이 도시에서 온 관광객을 대상으로 버스를 타고 화순 지역의 관광지를 둘러 볼 수 있는 버스 관광 사업을 벌인다.
　화순군을 찾은 관광객은 "화순군의 아름다운 풍경을 감상하며 많은 추억을 남길 수 있어 즐거웠다."라고 평가하였다.

교류의 좋은 점	• 촌락 사람들은 직접 기른 농축산물을 제값에 팔 수 있습니다. • 도시 사람들은 싱싱한 농축산물을 집 근처에서 저렴하게 구입할 수 있습니다.

• 촌락 사람들은 도시 사람들에게 관광 상품을 제공하고 필요한 물품을 판매하여 소득을 올릴 수 있습니다.
• 도시 사람들은 촌락의 특색 있는 문화를 체험할 수 있습니다.

알게 된 점이나 느낀 점	촌락과 도시에 사는 사람들은 교류함으로써 서로에게 부족한 것을 채워 주고, 서로 도움을 주고받는다는 것을 알게 되었습니다.

> 보고서를 쓰면서 조사 내용을
> 정리해 보니 촌락과 도시가
> 여러 방법으로 교류한다는 것을
> 알 수 있었어.

개념 정리하기

1. 촌락과 도시의 상호 의존 모습

구분	촌락 사람들에게 좋은 점	도시 사람들에게 좋은 점
지역 축제	촌락의 전통과 문화를 알릴 수 있고, 먹거리나 즐길 거리 등을 통해 소득을 올릴 수 있습니다.	촌락의 자연환경을 즐기거나 특색 있는 문화를 경험할 수 있습니다.
직거래 장터	수확한 농수산물을 중간 상인 없이 제값을 받고 팔아 소득을 올릴 수 있습니다.	싱싱한 농수산물을 저렴하게 살 수 있습니다.
자매결연	모자란 일손을 얻고 지역의 농수산물을 홍보할 수 있습니다.	쉽게 체험할 수 없는 농사짓기, 봉사 활동 등 다양한 경험을 할 수 있습니다.
주말농장	사용하지 않는 땅을 주말농장으로 만들어 소득을 올릴 수 있습니다.	과일이나 채소를 직접 길러 먹을 수 있습니다.
체험 학습	도시 사람들이 체험할 때 내는 비용으로 소득을 높일 수 있습니다.	촌락의 자연환경과 문화를 경험할 수 있습니다.

↳ 촌락에 사는 사람들과 도시에 사는 사람들은 다양한 교류를 통하여 서로에게 도움을 주고받으면서 상호 의존합니다.

2. 촌락과 도시가 교류하는 모습 조사하기

① 촌락과 도시의 교류 모습을 조사하는 방법
- 시청이나 도청, 구청의 누리집이나 인터넷 신문 기사에서 검색합니다.
- 지역에서 발행하는 기록물이나 홍보 책자 등을 살펴봅니다.
- 촌락과 도시의 교류에 대해 잘 아는 분께 여쭈어봅니다.
- 촌락과 도시가 교류하는 장소를 직접 방문합니다.

② 촌락과 도시의 교류 조사 보고서를 작성하는 방법: 조사 주제, 조사 방법, 조사 자료, 조사하며 알게 된 점 등을 바탕으로 조사 보고서를 작성합니다.

초성 퀴즈 다음 초성을 보고, 핵심 단어를 위에서 찾아 써 봅시다.

| 정답과 해설 4쪽

1 도시 사람들은 [ㅈ] [ㄱ] [ㄹ] [ㅈ] [ㅌ] 에서 촌락 사람들이 생산한 싱싱한 농수산물을 저렴하게 살 수 있습니다.

2 촌락과 도시에 사는 사람들은 서로 다양한 교류를 하며 [ㅅ] [ㅎ] [ㅇ] [ㅈ] 하고 있습니다.

문제로 확인하기

| 정답과 해설 4쪽

1 다음 ☐ 안에 들어갈 알맞은 말을 쓰시오.

> 촌락에 사는 사람들과 도시에 사는 사람들은 다양한 교류를 통해 서로 부족한 것들을 채워 주면서 ☐☐☐ 하고 있습니다.

(   )

2 직거래 장터가 도시 사람들에게 주는 도움으로 알맞은 것은 어느 것입니까? (   )

① 친목을 도모할 수 있다.
② 더 높은 소득을 올릴 수 있다.
③ 일손 부족 문제를 해결할 수 있다.
④ 아름다운 자연환경을 직접 체험할 수 있다.
⑤ 싱싱한 농수산물을 저렴하게 구매할 수 있다.

3 지역 축제가 촌락과 도시에 주는 도움으로 알맞지 <u>않은</u> 것은 어느 것입니까? (   )

① 촌락 사람들이 소득을 올릴 수 있다.
② 촌락 사람들이 모자란 일손을 얻을 수 있다.
③ 도시 사람들이 촌락의 특산물을 구입할 수 있다.
④ 촌락의 자랑거리인 자연환경을 널리 알릴 수 있다.
⑤ 도시 사람들이 촌락의 특색 있는 문화를 경험할 수 있다.

4 다음 보기 에서 촌락과 도시의 교류 모습을 조사하는 방법으로 알맞은 것을 모두 골라 기호를 쓰시오.

> **보기**
> ㉠ 국어사전에서 찾아본다.
> ㉡ 교류에 대해 잘 아는 분께 여쭈어본다.
> ㉢ 지역의 기록물이나 홍보 책자 등을 살펴본다.

(   )

오늘의 핵심

❶ (자매결연 · 직거래 장터)(으)로 촌락 사람들은 모자란 일손을 얻고, 도시 사람들은 농사 짓기 등 다양한 경험을 할 수 있습니다.

❷ 인터넷 신문 기사 검색을 통해 촌락과 도시가 교류하는 모습을 조사할 수 있습니다.

(O · X)

단원 평가

단원을 마무리하자~

1일차~8일차

1. 촌락과 도시의 생활 모습

1 다음 [보기] 에서 자연환경을 주로 이용하여 살 아가는 지역을 모두 골라 기호를 쓰시오.

[보기]
ㄱ 도시   ㄴ 농촌
ㄷ 어촌   ㄹ 산지촌

(   )

2 다음 빈칸에 들어갈 알맞은 내용은 어느 것입 니까?   (   )

촌락은 (   ) 때문에 계절이나 날씨에 따 라 생활 모습이 달라집니다.

① 인구가 매우 많기
② 교통수단이 발달했기
③ 일손이 점점 부족해지기
④ 자연환경의 영향을 많이 받기
⑤ 사람들이 주로 서비스업에 종사하기

3 촌락에 사는 사람들이 주로 하는 일을 알맞게 짝지은 것은 어느 것입니까?   (   )

① 산지촌 – 김과 미역 기르기
② 어촌 – 산에서 산나물 캐기
③ 농촌 – 바다에서 물고기 잡기
④ 어촌 – 버섯과 약초 재배하기
⑤ 산지촌 – 산에서 나무 가꾸어 베기

4 도시에서 주로 볼 수 있는 시설로 알맞지 <u>않은</u> 것은 어느 것입니까?   (   )

① 공장   ② 회사
③ 공연장   ④ 백화점
⑤ 비닐하우스

★중요★
5 도시에 대한 설명으로 알맞지 <u>않은</u> 것은 어느 것입니까?   (   )

① 많은 사람이 모여 살고 있다.
② 높은 건물이 많고, 이동하는 사람이 많다.
③ 바다를 이용하여 생산 활동을 하는 지역이다.
④ 버스나 지하철과 같은 교통수단이 발달하 였다.
⑤ 시청·도청, 소방서 등 다양한 시설을 볼 수 있다.

6 다음 [보기] 에서 도시에 사는 사람들이 주로 하 는 일을 모두 골라 기호를 쓰시오.

[보기]
ㄱ 회사나 공장에 다닌다.
ㄴ 시장에서 물건이나 음식을 판다.
ㄷ 공공 기관에서 서비스를 제공한다.
ㄹ 밭이나 비닐하우스에서 농사를 짓는다.

(   )

7 행정의 중심지로 정부가 새롭게 계획하여 만 든 도시는 어디입니까?   (   )

① 서울특별시
② 부산광역시
③ 세종특별자치시
④ 전라남도 여수시
⑤ 경상북도 경주시

8 촌락과 도시의 차이점을 옳게 이야기한 어린이를 모두 골라 이름을 쓰시오.

> • 영진: 도시는 촌락보다 교통수단이 다양해.
> • 홍민: 촌락에는 편의 시설이 많고, 도시에는 편의 시설이 적어.
> • 소영: 촌락에는 높은 건물이 많지 않고, 도시에는 높은 건물이 많아.
> • 윤희: 촌락은 물건을 만들거나 편리한 생활을 도와주는 산업이 발달했고, 도시는 자연환경을 이용한 산업이 발달했어.

(   )

9 촌락에서 발생하는 문제로 볼 수 <u>없는</u> 것은 어느 것입니까? (   )

① 주택이 부족하다.
② 인구가 점점 줄어들고 있다.
③ 문화 시설과 편의 시설이 부족하다.
④ 일손이 부족하여 농사짓기가 힘들다.
⑤ 외국에서 값싼 농수산물이 들어오면서 촌락 사람들의 수입이 줄어들었다.

10 다음 그래프를 통해 알 수 있는 촌락 문제를 해결하기 위한 방법은 어느 것입니까?(   )

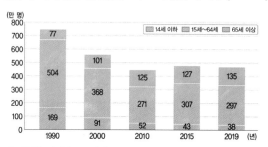

↑ 촌락의 인구 변화

① 촌락에 공장을 짓는다.
② 환경을 훼손시키지 않는다.
③ 기계를 이용하여 농사를 짓는다.
④ 품질 좋은 농수산물을 생산한다.
⑤ 문화 시설이나 편의 시설을 줄인다.

11 촌락에서 발생하는 문제를 해결하기 위한 노력으로 알맞은 것을 <u>두 가지</u> 고르시오.

(,   )

① 귀촌을 금지한다.
② 품질 좋은 농수산물을 생산한다.
③ 농약을 많이 써서 농사를 짓는다.
④ 폐교를 활용하여 편의 시설을 만든다.
⑤ 논이나 밭을 모조리 없애고 공장을 만든다.

12~13 다음 그래프를 보고 물음에 답하시오.

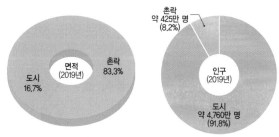

↑ 우리나라의 촌락과 도시의 면적 비율   ↑ 우리나라의 촌락과 도시의 인구 구성

12 위 그래프를 보고 알 수 있는 사실을 쓰시오.

_____

_____

13 위 그래프에 나타난 현상으로 인해 도시에서 발생하는 문제로 볼 수 <u>없는</u> 것은 어느 것입니까? (   )

① 쓰레기 문제   ② 교통 혼잡 문제
③ 소음 공해 문제   ④ 주택 부족 문제
⑤ 일손 부족 문제

14 도시의 주택 문제를 해결하기 위한 노력으로 알맞은 것은 어느 것입니까? ( )

① 교통수단을 늘린다.
② 버스 전용 차로제를 시행한다.
③ 친환경 전기 자동차의 보급을 늘린다.
④ 낡고 오래된 주택을 새롭게 정비한다.
⑤ 오염을 정화하는 하수 처리 시설을 늘린다.

15 교류의 사례로 볼 수 없는 것은 어느 것입니까? ( )

① 대학생들이 농촌에 봉사 활동을 간다.
② 중국 사람들이 우리나라에 관광을 왔다.
③ 다른 지역에서 생산된 쌀로 밥을 짓는다.
④ 학생들이 다른 지역으로 갯벌 체험 학습을 간다.
⑤ 집 앞 텃밭에서 채소를 길러 음식을 만들어 먹는다.

16 도시 사람들이 촌락으로 이동하는 까닭으로 알맞은 것은 어느 것입니까? ( )

① 공연을 보기 위해
② 백화점을 이용하기 위해
③ 종합 병원을 이용하기 위해
④ 시청이나 도청을 이용하기 위해
⑤ 자연환경을 이용하여 여가를 즐기기 위해

17 촌락 사람들이 도시를 방문하여 이용하는 시설로 알맞지 않은 것은 어느 것입니까? ( )

①  ②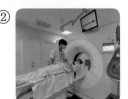

③  ④

18 다음 빈칸에 들어갈 알맞은 말을 쓰시오.

> ( )를 열면 촌락 사람들은 중간 상인 없이 제값을 받고 농수산물을 팔 수 있고, 도시 사람들은 싱싱한 농수산물을 저렴하게 구매할 수 있습니다.

( )

19 지역 축제가 촌락 사람들에게 주는 도움으로 알맞은 것은 어느 것입니까? ( )

① 소득이 늘어난다.
② 체험 마을이 늘어난다.
③ 자연환경이 더 깨끗해진다.
④ 편의 시설을 이용할 수 있다.
⑤ 특색 있는 문화를 체험할 수 있다.

20 촌락과 도시가 상호 의존함으로써 얻을 수 있는 이익은 무엇입니까? ( )

① 촌락 사람들에게만 도움이 된다.
② 도시 사람들에게만 도움이 된다.
③ 서로 부족한 것들을 채워 줄 수 있다.
④ 다른 나라와 교류할 필요가 없어진다.
⑤ 촌락과 도시에서 발생하는 모든 문제가 완전히 해결된다.

1 농촌, 어촌, 산지촌처럼 자연환경을 주로 이용하여 살아가는 지역을 무엇이라고 합니까?

1

2 (　　　　　　　)에는 인구가 밀집해 있고 높은 건물이 많으며, 교통수단이 발달하였습니다.

2

3 촌락과 도시의 차이점을 살펴보면, (㉠　　　　　　　) 사람들은 자연환경을 이용한 일을 주로 하고, (㉡　　　　　　　) 사람들은 주로 회사나 공장에서 일을 합니다.

3　㉠

　㉡

4 촌락에서는 다양한 기계를 개발하고 이용하여 (　　　　　　) 부족 문제를 해결하고 생산량도 늘리고 있습니다.

4

5 도시에 인구가 (많아지면서 , 적어지면서) 교통 혼잡, 쓰레기 문제, 주택 부족 등의 문제가 발생하고 있습니다.

5

6 (　　　　　　　)는 사람들이 오고 가거나 물건, 문화, 기술 등을 서로 주고받는 것으로, 이는 지역마다 생산물, 기술, 문화 등이 다르기 때문에 이루어집니다.

6

7 촌락에서는 공주 군밤 축제와 같이 특산물을 활용한 (　　　　　　)를 열어 소득을 올리기도 합니다.

7

8 촌락과 도시에 사는 사람들은 서로 부족한 것들을 채워 주면서 상호 (　　　　　　)하고 있습니다.

8

경제활동과 선택의 문제

우리는 일상생활에서 여러 가지 경제활동을 하고, 그 과정에서 크고 작은 선택의 문제에 부딪힙니다.

1. **경제활동**: 사람들이 생활에 필요한 여러 가지를 만들거나 파는 것, 사는 것과 관련된 모든 활동을 말합니다.

2. **선택의 문제가 일어나는 까닭**: 사람이 쓸 수 있는 돈이나 자원은 한정되어 있어 원하는 것을 모두 가질 수 없기 때문입니다.

3. **자원의 희소성과 선택의 문제**
   • 경제활동에서 선택의 문제가 일어나는 까닭은 자원의 희소성 때문입니다.
   • 선택의 문제는 경제활동을 하는 모든 사람에게 일어날 수 있으며, 무엇을 선택하는 지는 사람마다 다를 수 있습니다.

① 경제활동의 의미와 다양한 경제활동

경제활동의 의미

> 사람들이 생활에 필요한 여러 가지를 만들거나 파는 것, 사는 것과 관련된 모든 활동을 경제활동이라고 해.

> 사람들은 생활에 필요한 것을 만들기도 하고 다른 사람들이 만든 것을 사용하기도 해.

제과점에서 제빵사는 빵을 만들어 팝니다.

가족이 함께 시장에서 생선이나 채소를 삽니다.

다양한 경제활동의 모습

생활에 필요한 것들을
만드는 활동

생활에 필요한 것들을
사용하는 활동

바다에서 물고기를 잡습니다.

시장에서 장을 봅니다.

공장에서 자동차를 만듭니다.

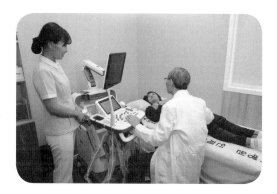

병원에서 진료를 받습니다.

택배 기사님이 물건을 배달합니다.

버스를 탑니다.

우리 일상생활에서
다양한 경제활동이
일어나고 있구나!

② 선택의 문제가 일어나는 까닭

우리는 하고 싶은 것 중 어떤 것을 *선택해야 할 지 고민해.

*선택: 여럿 가운데서 필요한 것을 골라 뽑음.

우리가 원하는 것은 많지만, 쓸 수 있는 돈과 시간 등이 *한정되어 있어서 원하는 것을 모두 가질 수 없기 때문이야.

*한정: 수량이나 범위 등을 제한하여 정함.

회사에 버스를 타고 갈까, 지하철을 타고 갈까?

떡볶이와 김밥을 모두 먹고 싶지만 둘 다 사먹기에는 가진 돈이 부족해.

그럼 둘 중 하나만 골라야겠네.

오늘 받은 용돈 중 얼마를 모으고 얼마를 쓸까?

타고 싶은 것이 많지만 시간이 30분밖에 없어.

이처럼 사람들이 원하는 것에 비해 자원이 부족한 상태를 *희소성이라고 해.

*희소: 매우 드물거나 적음.

③ 자원의 희소성과 선택의 문제

경제활동에서 선택이 일어나는 까닭

원하는 것

사람들은 하고 싶은 것이나 가지고 싶은 것이 많습니다.

자원의 희소성

사람들이 원하는 것을 모두 갖기에는 돈이나 자원이 부족합니다.

선택의 문제 발생

사람들은 경제활동을 하면서 자원의 희소성 때문에 선택의 문제에 부딪힙니다.

우리가 경제활동을 할 때 선택을 하는 까닭은 자원의 희소성 때문이야.

맞아. 사고 싶은 것에 비하여 쓸 수 있는 용돈이 한정되어 있으니까, 선택의 문제가 발생했어.

오늘 부모님께 용돈 3,000원을 받았다. 용돈으로 평소 사고 싶던 필통을 사야겠다고 생각하고 있었는데, 학교 수업이 끝나고 돌아오는 길에 분식집에서 파는 떡볶이를 보니 배가 고파졌다. 내가 가진 용돈은 3,000원뿐이라 필통과 떡볶이 중 하나를 선택해야만 해서 고민이 되었다.

희소성을 결정하는 요인

저는 북극 지방에 살아요. 이곳은 날씨가 매우 춥기 때문에 에어컨을 원하는 사람이 거의 없어요. 그래서 에어컨의 수가 적어도 에어컨이 희소하지 않습니다.

자원의 수나 양이 적다고 해서 그 자원이 무조건 희소한 것은 아니구나.

저는 열대 지방에 살아요. 이곳은 날씨가 매우 덥기 때문에 난로를 원하는 사람이 거의 없어요. 그래서 난로의 수가 적어도 난로가 희소하지 않습니다.

개념 정리하기

1. **경제활동**: 사람들이 생활에 필요한 여러 가지를 만들거나 파는 것, 사는 것과 관련된 모든 활동을 말합니다. 예 물고기 잡기, 장 보기, 버스 타기 등

2. 선택의 문제

① 여러 가지 상황에서 일어나는 선택의 문제

회사에 갈때 버스를 탈지 지하철을 탈지 고민합니다.

가진 돈으로 떡볶이를 먹을지 김밥을 먹을지 고민합니다.

용돈 중에서 얼마를 모으고 얼마를 쓸지 고민합니다.

한정된 시간 동안 어떤 놀이 기구를 탈지 고민합니다.

② 선택의 문제가 일어나는 까닭: 사람이 쓸 수 있는 돈이나 자원은 한정되어 있어 원하는 것을 모두 가질 수 없기 때문입니다.

3. 자원의 희소성과 선택의 문제

① 경제활동에서 선택의 문제가 일어나는 까닭은 자원의 희소성 때문입니다.
② 선택의 문제는 경제활동을 하는 모든 사람에게 일어날 수 있으며, 어떤 선택을 하는지는 사람마다 다를 수 있습니다.

초성 퀴즈 다음 초성을 보고, 핵심 단어를 위에서 찾아 써 봅시다. | 정답과 해설 6쪽

1 사람들이 생활에 필요한 여러 가지를 만들거나 파는 것, 사는 것과 관련된 모든 활동을 ㄱ ㅈ ㅎ ㄷ 이라고 합니다.

2 경제활동에서 선택의 문제는 자원의 ㅎ ㅅ ㅅ 때문에 일어납니다.

문제로 확인하기

| 정답과 해설 6쪽

1 다음 ☐ 안에 들어갈 알맞은 말을 쓰시오.

> ☐ 은 사람들이 생활에 필요한 여러 가지를 만들거나 파는 것, 사는 것과 관련된 모든 활동을 말합니다.

(   )

2 다음 어린이들이 떡볶이와 김밥을 모두 먹을 수 <u>없는</u> 까닭은 무엇입니까? (   )

3,000원만 가지고 있어서 떡볶이와 김밥을 모두 사먹을 수 없어.

① 배가 고프기 때문에
② 돈이 부족하기 때문에
③ 시간이 부족하기 때문에
④ 음식이 모자라기 때문에
⑤ 부모님께서 허락하지 않았기 때문에

3 경제활동에서 선택의 문제가 일어나는 까닭은 무엇입니까? (   )

① 사람들의 소득이 같기 때문에
② 사람들이 원하는 것이 같기 때문에
③ 사람들이 필요하거나 원하는 것이 없기 때문에
④ 사람들이 원하는 것을 모두 가질 수 있기 때문에
⑤ 사람들이 쓸 수 있는 돈이나 자원이 한정되어 있기 때문에

4 경제활동에서 일어나는 선택의 문제에 대해 <u>잘못</u> 말한 어린이는 누구인지 쓰시오.

자원의 희소성 때문에 선택의 문제가 일어나.

무엇을 선택하는 지는 모든 사람이 같아.

경제활동을 하는 모든 사람에게 일어날 수 있어.

 경아   윤아   민우   (   )

 오늘의 핵심

❶ 사람들의 필요나 욕구에 비해 자원이 부족한 상태를 무엇이라고 합니까?
답 ☐

❷ 경제활동을 하면서 선택의 문제가 일어나는 까닭은 사람이 쓸 수 있는 돈이나 자원이
(무한하기 · 한정되어 있기) 때문입니다.

현명한 선택을 하는 방법

경제적 선택을 할 때에는 가지고 있는 자원으로 만족감을 얻을 수 있는 현명한 선택을 해야 합니다.

1. 현명한 선택이 필요한 까닭
- 돈과 시간 등의 자원을 아낄 수 있기 때문입니다.
- 만족감과 즐거움을 얻을 수 있기 때문입니다.

2. 현명한 선택을 위한 기준 세우기
- 꼭 필요한 물건인지 생각해 봅니다.
- 가격, 디자인, 품질, 편리성 등 여러 가지 선택 기준을 고려해서 선택해야 합니다.

3. 현명한 선택을 하는 과정

사고 싶은 물건 생각해 보기 → 가진 돈 파악하기 → 정보 모으기 → 선택 기준을 정해 물건 평가하기 → 선택하기

1 현명한 선택이 필요한 까닭

잘못된 선택을 하면 안 좋은 점

아야! 발이 너무 아파.

신발이 예뻐서 신어보지 않고 샀는데, 발이 불편해서 오래 신고 있을 수가 없습니다.

신발을 살 때 기능을 중요하게 생각하지 않았기 때문에 후회했습니다.

경제활동에서 선택을 잘못하면 돈이나 자원을 낭비하고 후회를 하게 돼!

똑같은 연필인데 더 비싸잖아?

미리 가격을 비교해 보지 않아 다른 곳보다 비싸게 파는 곳에서 연필을 샀습니다.

연필을 살 때 여러 가게의 가격을 비교하지 않았기 때문에 후회했습니다.

현명한 선택을 하면 좋은 점

2 현명한 선택을 위한 기준 세우기

꼭 필요한 물건인지 생각해 봅니다.

가격이 적당한지 따져 봅니다.

디자인이 마음에 드는지 살펴봅니다.

사용하기 편리한지, 오래 쓸 수 있는지 따져 봅니다.

③ 현명한 선택을 하는 과정

1 사고 싶은 물건 생각해 보기

사고 싶은 물건이 무엇이며, 그 물건을 사려는 까닭은 무엇인지 생각해 봅니다.

2 가진 돈 파악하기

현재 쓸 수 있는 돈이 얼마인지 확인합니다.

3 정보 모으기

사려고 하는 물건의 가격, 디자인, 특징 등과 같은 정보를 수집하고 분석합니다.

물건의 정보를 얻는 다양한 방법
- 인터넷 검색하기
- 광고 보기
- 상점 방문하기
- 주변 사람에게 물어보기

4 선택 기준을 정해 물건 평가하기

사고 싶은 물건 가운데 하나를 선택하기 위한 기준을 정하고, 선택 기준표를 만듭니다. 수집한 정보를 바탕으로 선택 기준에 따라 물건들의 점수를 매깁니다.

선택 기준표

선택 기준 ＼ 물건	가방	운동화	티셔츠
내가 가진 돈으로 살 수 있는가?	○	○	○
지금 당장 필요한 것인가?	○	△	△
디자인이 만족스러운가?	△	×	○
편리하게 사용할 수 있는가?	○	△	×
나에게 도움이 되는 특징이 있는가?	○	×	△
총점	14점	9점	11점

○: 그렇다(3점), △: 보통이다(2점), ×: 아니다(1점)

사람마다 중요하게 생각하는 점이 다르므로, 자신이 중요하게 생각하는 선택 기준을 정하는 것이 좋아.

5 선택하기

선택 기준표를 보고 점수가 가장 높은 물건을 선택합니다.

가방의 총점이 가장 높으니 가방을 사야겠다.

다양한 기준을 고려하여 현명한 선택을 하면, 큰 만족감을 얻고 돈과 시간 등의 자원을 아낄 수 있어.

개념 정리하기

1. 현명한 선택이 필요한 까닭

① 돈과 시간 등의 자원을 아낄 수 있기 때문입니다.
② 만족감과 즐거움을 얻을 수 있기 때문입니다.
③ 자신의 선택을 후회하지 않을 수 있기 때문입니다.

2. 현명한 선택을 위한 기준 세우기

① 꼭 필요한 물건인지 생각해 봅니다.
② 가격, 디자인, 품질, 편리성 등의 기준을 정해서 여러 물건을 비교한 후에 선택합니다.

3. 현명한 선택을 하는 과정

사고 싶은 물건 생각해 보기	사고 싶은 물건이 무엇이며, 그 물건을 사려는 까닭은 무엇인지 생각해 봅니다.

↓

가진 돈 파악하기	현재 쓸 수 있는 돈이 얼마인지 확인합니다.

↓

정보 모으기	• 사려고 하는 물건의 가격, 디자인, 특징 등과 같은 정보를 수집하고 분석합니다. • 상점 방문하기, 광고 보기, 주변 사람에게 물어보기, 인터넷 검색하기 등을 통해 정보를 수집합니다.

↓

선택 기준을 정해 물건 평가하기	사고 싶은 물건 가운데 하나를 선택하기 위한 기준을 정하고, 선택 기준표를 만듭니다. 수집한 정보를 바탕으로 선택 기준에 따라 물건들의 점수를 매깁니다.

↓

선택하기	선택 기준표를 보고 점수가 가장 높은 물건을 선택합니다.

초성 퀴즈 다음 초성을 보고, 핵심 단어를 위에서 찾아 써 봅시다.

| 정답과 해설 6쪽

1 현명한 선택을 하면 자신에게 알맞은 물건을 골라 만족감과 즐거움을 얻을 수 있고, 돈과 시간 등의 ㅈ ㅇ 을 아낄 수 있습니다.

2 물건을 살 때 가격, 디자인, 품질, 편리성 등의 기준을 정해서 ㅂ ㄱ 하면 현명한 선택을 할 수 있습니다.

문제로 확인하기

| 정답과 해설 6쪽

1 다음 ☐ 안에 들어갈 알맞은 말을 쓰시오.

> ☐ 을 하면 자신에게 알맞은 물건을 골라 큰 만족감을 얻을 수 있을 뿐만
> 아니라 돈과 시간 등의 자원을 아낄 수 있습니다.

(   )

2 물건을 살 때 올바른 선택 기준으로 알맞지 <u>않은</u> 것은 어느 것입니까? (   )

① 꼭 필요한 것인가?   ② 모양이 만족스러운가?

③ 친구들이 가지고 있는가?   ④ 오래 쓸 수 있는 물건인가?

⑤ 내가 가진 돈으로 살 수 있는가?

3 다음과 같은 행동을 하는 현명한 선택의 과정은 어느 것입니까? (   )

> 사려고 하는 물건의 가격, 디자인, 특징 등과 같은 정보를 수집하고 분석합니다.

① 선택하기   ② 정보 모으기

③ 가진 돈 파악하기   ④ 사고 싶은 물건 생각해 보기

⑤ 선택 기준을 정해 물건 평가하기

4 다음은 수민이가 물건을 사기 위해 작성한 선택 기준표입니다. 수민이가 선택할 물건으로 알맞은 것은 어느 것입니까? (   )

선택 기준 \ 물건	(가)	(나)	(다)	(라)	(마)
디자인이 만족스러운가?	3	3	3	1	1
나에게 도움이 되는 특징이 있는가?	5	1	3	3	3
총점	8점	4점	6점	4점	4점

① (가)   ② (나)   ③ (다)   ④ (라)   ⑤ (마)

오늘의 핵심

❶ 현명한 선택을 할 때에는 (꼭 필요한 물건 · 친구가 가지고 있는 물건)인지 생각해 보아야 합니다.

❷ 경제활동에서 현명한 선택을 하면 돈과 자원을 아낄 수 있지만, 만족감과 즐거움은 얻을 수 없습니다. (O · X)

생산과 소비의 모습

시장에서는 다양한 생산 활동과 소비 활동이 이루어지며, 생활에 필요한 물건들은 여러 생산 활동을 거쳐 우리에게 옵니다.

1. **시장**
   - 의미: 사람들이 생활하면서 필요한 여러 가지 상품을 사고파는 곳입니다.
   - 종류: 전통 시장, 백화점, 할인 매장, 편의점, 텔레비전 홈 쇼핑, 온라인 쇼핑 등이 있습니다.

2. **생산과 소비의 의미**

생산	생활에 필요한 물건이나 서비스를 만들어 내는 활동을 말합니다.
소비	생산한 것을 구매하여 사용하거나 서비스를 이용하는 활동을 말합니다.

3. **생산 활동의 종류**: 생활에 필요한 것을 자연에서 얻는 활동, 생활에 필요한 것을 만드는 활동, 생활을 편리하고 즐겁게 해 주는 활동이 있습니다.

---

① 시장에서 이루어지는 경제활동

생산과 소비 활동

시장은 사람들이 생활하면서 필요한 여러 가지 상품을 사고파는 곳이야.

생활에 필요한 물건이나 *서비스를 만들어 내는 활동을 생산이라고 해.

- 생산: 머리를 손질합니다.
- 소비: 머리 손질을 받습니다.

생산: 과일을 팝니다.

- 생산: 빵을 만들어 팝니다.
- 소비: 빵을 삽니다.

소비: 떡볶이를 삽니다.

생산: 물건을 배달합니다.

생산한 것을 구매하여 사용하거나 서비스를 이용하는 활동은 소비라고 해.

＊**서비스**: 사람들의 생활을 편리하게 해 주거나 즐거움을 주는 활동

우리 주변의 다양한 시장

전통 시장

오랜 기간에 걸쳐 일정한 지역에 자연적으로 만들어진 시장입니다.

백화점

큰 건물 안에서 옷, 화장품, 가구, 가전제품 등 다양한 물선을 부문별로 나누어 판매합니다.

할인 매장

다양한 물건을 대량으로 팔거나 값을 깎아서 판매합니다.

편의점

사람들이 편리하도록 늦은 시간까지 여러 가지 상품을 판매합니다.

> 오늘날에는 텔레비전 홈 쇼핑, 온라인 쇼핑과 같은 *전자 상거래 이용이 늘고 있어.

*전자 상거래: 인터넷이나 전화와 같은 통신 수단을 이용하여 물건을 사고파는 행위

텔레비전 홈 쇼핑

가정에서 텔레비전 방송으로 상품 정보를 보고 상품을 살 수 있습니다.

온라인 쇼핑

스마트폰이나 컴퓨터를 이용해 인터넷으로 상품을 살 수 있습니다.

② 생산 활동의 종류

산, 들, 강, 바다와 같은 자연에서 생산물을 얻어.

생활에 필요한 것을 자연에서 얻는 활동

↑ 벼농사하기

↑ 염전에서 소금 얻기

생활에 필요한 것을 만드는 활동

자연에서 얻은 생산물이나 자원을 이용하여 생활에 필요한 것을 만들어.

↑ 옷 만들기

↑ 건물 짓기

생활을 편리하고 즐겁게 해 주는 활동

↑ 공연하기

↑ 물건 팔기

물건을 팔거나 사람들을 만족시킬 수 있는 서비스를 제공해.

③ 물건이 우리에게 오기까지의 과정

공책이 우리에게 오기까지의 생산 활동

생활에 필요한 것을 자연에서 얻는 활동

공책을 만들 때 필요한 종이의 재료가 되는 나무를 벱니다.

생활에 필요한 것을 만드는 활동

공책을 만드는 공장에서 종이를 사용하여 공책을 만듭니다.

운송 수단을 이용하여 공책을 문구점으로 운반합니다.

문구점에서 소비자에게 공책을 판매합니다.

생활을 편리하고 즐겁게 해 주는 활동

물건이 만들어져 우리에게 오기까지 여러 가지 생산 활동이 이루어져.

생산과 소비의 밀접한 관계

생산하지 않으면 소비할 수 없고, 소비하지 않으면 생산할 필요도 없어져.

농부가 벼농사를 지은 덕에 우리가 맛있는 밥을 먹을 수 있는 거야.

벼농사를 짓는 것은 생산 활동, 쌀을 사서 먹는 것은 소비 활동이야.

내가 좋아하는 공연을 보니 정말 행복해.

공연을 하는 것은 생산 활동, 공연을 보는 것은 소비 활동이야.

개념 정리하기

1. 시장

① 의미: 사람들이 생활하면서 필요한 여러 가지 상품을 사고파는 곳을 말합니다.

② 종류: 전통 시장, 수산 시장, 농산물 시장, 꽃 시장, 백화점, 할인 매장, 편의점, 텔레비전 홈 쇼핑, 온라인 쇼핑 등이 있습니다.

2. 생산과 소비 활동

① 생산과 소비의 의미

생산	생활에 필요한 물건이나 서비스를 만들어 내는 활동을 말합니다.
소비	생산한 것을 구매하여 사용하거나 서비스를 이용하는 활동을 말합니다.

② 생산 활동의 종류

생활에 필요한 것을 자연에서 얻는 활동	• 산, 들, 강, 바다와 같은 자연에서 생산물을 얻습니다. • 벼농사하기, 고기잡이, 염전에서 소금 얻기, 고구마 캐기, 과일 따기, 소 키우기 등이 있습니다.
생활에 필요한 것을 만드는 활동	• 자연에서 얻은 생산물이나 자원을 이용하여 생활에 필요한 것을 만듭니다. • 휴대 전화 만들기, 옷 만들기, 음식 만들기, 건물 짓기 등이 있습니다.
생활을 편리하고 즐겁게 해 주는 활동	• 물건을 팔거나 사람들을 만족시킬 수 있는 서비스를 제공합니다. • 공연하기, 물건 배달하기, 물건 팔기, 환자 진료하기, 머리 손질하기, 야구 경기하기 등이 있습니다.

③ 물건이 우리에게 오기까지의 과정: 물건이 만들어져 우리에게 오기까지 여러 가지 생산 활동이 이루어집니다.

3. 생산과 소비의 밀접한 관계

① 생산하지 않으면 소비할 수 없고, 소비하지 않으면 생산할 필요가 없습니다.

② 다양한 생산 활동이 생기면 소비도 다양해집니다.

초성 퀴즈 다음 초성을 보고, 핵심 단어를 위에서 찾아 써 봅시다. | 정답과 해설 7쪽

1 사람들이 생활하면서 필요한 여러 가지 상품을 사고파는 곳을 ㅅ ㅈ 이라고 합니다.

2 시장에서는 생활에 필요한 물건이나 서비스를 만들어 내는 생산 활동과 생산한 것을 구매하여 사용하거나 서비스를 이용하는 ㅅ ㅂ 활동을 볼 수 있습니다.

문제로 확인하기

1 다음 ☐ 안에 공통으로 들어갈 알맞은 말을 쓰시오.

> 생활에 필요한 물건이나 서비스를 만들어 내는 활동을 ☐☐☐☐ 이라고 합니다.
> ☐☐☐☐ 활동에는 벼농사하기, 염전에서 소금 얻기, 환자 진료하기 등이 있습니다.

(   )

2 가정에서 텔레비전 방송으로 상품 정보를 보고 상품을 살 수 있는 시장은 어느 것입니까? (   )

① 백화점   ② 편의점   ③ 전통 시장
④ 할인 매장   ⑤ 텔레비전 홈 쇼핑

3 다음 **보기** 에서 '생활에 필요한 것을 자연에서 얻는 활동'으로 알맞은 것을 <u>두 가지</u> 골라 기호를 쓰시오.

> **보기**
> ㉠ 공연하기   ㉡ 건물 짓기   ㉢ 과일 따기
> ㉣ 옷 만들기   ㉤ 벼농사하기   ㉥ 머리 손질하기

(,   )

4 공책이 우리 손에 오기까지 이루어지는 생산 활동으로 알맞지 <u>않은</u> 것은 어느 것입니까? (   )

↑ 공장에서 공책 만들기

↑ 문구점에서 공책 사기

↑ 공책 운반하기

오늘의 핵심

❶ 사람들이 생활하면서 필요한 여러 가지 상품을 사고파는 곳을 무엇이라고 합니까?

답

❷ 옷 만들기, 음식 만들기, 공연하기, 물건 배달하기, 야구 경기하기 등은 (생산 · 소비) 활동입니다.

현명한 소비 생활

가정에서는 생산 활동을 하여 얻은 소득으로 소비 생활을 하며, 소득은 한정되어 있기 때문에 현명한 소비 생활을 해야 합니다.

1. **현명한 소비 생활**: 돈을 낭비하지 않고, 가정에서 벌어들인 소득의 범위 안에서 필요한 것을 사는 것입니다.

2. **현명한 소비 생활이 필요한 까닭**
   - 가정의 소득은 한정되어 있어서 가지고 싶은 것을 모두 살 수 없기 때문입니다.
   - 현명한 소비를 하지 않으면 정말 필요한 물건을 사지 못하거나 하고 싶은 일을 못하게 될 수도 있기 때문입니다.

3. **현명한 소비 생활을 하는 방법**
   - 소득의 범위 내에서 소비하며, 미리 소비 계획을 세웁니다.
   - 나에게 꼭 필요한 것인지 생각해 본 후 소비합니다.
   - 물건을 사기 전에 물건에 관한 정보를 찾아 활용합니다.
   - 물건을 살 때에는 선택 기준을 세우고, 그 기준에 맞는 물건을 고릅니다.
   - 소득의 일부를 저축합니다.

① 현명한 소비 생활이 필요한 까닭

2 현명한 소비 생활을 하는 방법

소비 계획 세우기

소득의 범위 내에서 소비하며, 돈을 어떻게 쓸지 미리 계획을 세웁니다.

> 용돈 기입장이나 가계부를 쓰면 돈을 어디에 썼는지 한눈에 알 수 있고, 계획에 맞게 돈을 쓰는 습관을 기를 수 있어.

용돈 기입장 쓰는 예

날짜	내용	들어온 돈	사용한 돈	남은 돈
10월 1일	이번 주 용돈	3,000원		3,000원
10월 2일	아이스크림		1,000원	2,000원
	공책		600원	1,400원
10월 4일	심부름 용돈	500원		1,900원
10월 5일	과자		1,200원	700원
합계		3,500원	2,800원	700원

필요성 따져 보기

> 날씨가 쌀쌀해져서 긴팔 옷이 필요해.

나에게 꼭 필요한 것인지 생각해 본 후 소비합니다.

물건의 정보 활용하기

물건을 사기 전에 어디에서 사는 것이 좋은지, 물건의 가격과 품질은 어떠한지 등을 따져 보면 돈과 자원의 낭비를 막을 수 있어.

물건을 사기 전에 물건에 관한 정보를 찾아 활용합니다.

물건의 선택 기준 세우기

물건을 살 때에는 선택 기준을 세우고, 그 기준에 맞는 물건을 고릅니다.

저축하기

> 돈을 모아서 친구 선물을 사야겠다.

> 현명한 소비를 하면 필요할 때 원하는 것을 살 수 있어서 만족감이 높아져.

미래에 필요한 데 사용하기 위하여 소득의 일부를 저축합니다.

③ 물건의 정보를 얻는 방법

현명한 소비 생활을 하려면 물건의 가격과 특징, 장단점 등 다양한 정보를 찾아 활용하는 것이 중요해.

상점 방문하기

물건을 직접 보고 비교할 수 있고, 물건의 정보 중 궁금한 점은 판매원에게 물어볼 수 있습니다.

어떤 라면이 맵지 않나요?

여러 가게에서 같은 물건을 팔고 있네.

인터넷 검색하기

여러 물건의 가격과 특징을 한눈에 비교할 수 있고, 물건을 산 다른 사람들의 의견도 알 수 있습니다.

그 연필 써 봤니? 어떤 점이 가장 좋았어?

주변 사람에게 물어보기

물건을 사용해 본 주변 사람에게 물어보면 물건의 품질과 장단점 등을 자세히 알 수 있습니다.

광고를 볼 때는 믿을 만한 내용인지 확인하는 습관을 길러야 해.

물건을 사기 전에 물건의 정보를 알아보면 값싸고 품질이 좋은 물건을 살 수 있어!

필요한 물건의 광고가 나와요!

광고 보기

신문이나 텔레비전에 나오는 광고에서 물건의 특징에 관한 여러 가지 정보를 얻을 수 있습니다.

4 나의 소비 습관 점검하기

소비 습관 점검표

구분	소비 습관	O / X
물건을 사기 전에	물건을 살 때 정말 필요한 물건인지 생각해 본다.	
	품질, 가격, 모양 등 물건의 정보를 미리 조사한다.	
	사고 싶은 것이 있으면 용돈을 모은다.	
	광고의 내용이 믿을 만한지 따져 본다.	
물건을 살 때	옷을 사기 전에 직접 입어 본다.	
	여러 가게에 들러 가격을 비교해 본다.	
	음식을 살 때에는 유통 기한을 꼭 확인한다.	
	중고 가게에서 살 수 있는 물건인지 먼저 확인한다.	
물건을 산 후에	용돈 기입장을 쓴다.	
	물건을 소중히 다루고 아껴 쓴다.	
	잃어버리지 않도록 물건에 이름을 쓴다.	
	물건을 사용해 보고 잘 산 것인지 스스로 평가해 본다.	

○의 총개수: _____ 개

○의 총개수	점검 결과
9~12개	용돈을 계획적으로 사용하고 있습니다.
5~8개	용돈을 쓸 때 계획을 세우는 습관을 더 길러야 합니다.
0~4개	지금까지 자신이 용돈을 어떻게 썼는지 살펴보고, 용돈을 쓸 때 계획을 세우는 습관을 길러야 합니다.

소비 습관을 점검해 보고, 현명한 소비 생활을 해 보자!

착한 소비하기

오늘날에는 이웃과 사회, 환경에 미치는 영향까지 생각하여 소비하는 착한 소비가 중요시되고 있어.

환경오염을 줄이는 친환경 제품을 이용하거나 재활용하여 만든 물건을 사는 것 등이 착한 소비에 해당해.

농약이나 화학 비료를 사용하지 않은 친환경 농산물을 소비합니다.

버려진 방화복을 재활용하여 만든 가방을 사용합니다.

개념 정리하기

1. **현명한 소비 생활**: 돈을 낭비하지 않고, 가정에서 벌어들인 소득의 범위 안에서 필요한 것을 사는 것입니다.

2. **현명한 소비 생활이 필요한 까닭**
   ① 가정의 소득은 한정되어 있어서 가지고 싶은 것을 모두 살 수 없기 때문입니다.
   ② 현명한 소비를 하지 않으면 정말 필요한 물건을 사지 못하거나 하고 싶은 일을 못하게 될 수도 있기 때문입니다.

3. **현명한 소비 생활을 하는 방법**
   ① 소득의 범위 내에서 소비하며, 돈을 어떻게 쓸지 미리 계획을 세웁니다.
   ② 나에게 꼭 필요한 것인지 생각해 본 후 소비합니다.
   ③ 물건을 사기 전에 물건에 관한 정보를 찾아 활용합니다.
   ④ 물건을 살 때에는 선택 기준을 세우고, 그 기준에 맞는 물건을 고릅니다.
   ⑤ 미래에 필요한 데 사용하기 위하여 소득의 일부를 저축합니다.

4. **물건의 정보를 얻는 방법**

방법	특징
상점 방문하기	물건을 직접 보고 비교할 수 있고, 물건의 정보 중 궁금한 점을 판매원에게 물어볼 수 있습니다.
인터넷 검색하기	여러 물건의 가격과 특징을 한눈에 비교할 수 있고, 물건을 산 다른 사람들의 의견도 알 수 있습니다.
주변 사람에게 물어보기	물건을 사용해 본 주변 사람에게 물어보면 물건의 품질과 장단점 등을 자세히 알 수 있습니다.
광고 보기	신문이나 텔레비전 광고에서 물건의 특징에 관한 여러 가지 정보를 얻을 수 있습니다.

5. **소비 습관 점검하기**: 현명한 소비 생활을 위해 소비 습관을 점검하고, 착한 소비를 실천하도록 노력합니다.

초성 퀴즈 다음 초성을 보고, 핵심 단어를 위에서 찾아 써 봅시다. | 정답과 해설 7쪽

1 현명한 소비 생활이란 돈을 낭비하지 않고 가정에서 벌어들인 [ㅅ][ㄷ] 의 범위 안에서 필요한 것을 사는 것입니다.

2 신문이나 텔레비전 [ㄱ][ㄱ] 에서 물건의 정보를 얻을 때에는 믿을만한 내용인지 잘 확인해야 합니다.

문제로 확인하기

| 정답과 해설 7쪽

1 다음 ☐ 안에 들어갈 알맞은 말을 쓰시오.

> ☐ 생활이란 돈을 낭비하지 않고, 가정에서 벌어들인 소득의 범위 안에서 필요한 것을 사는 것입니다.

(   )

2 가정에서 현명한 소비 생활을 하지 않을 경우 생길 수 있는 일을 <u>두 가지</u> 고르시오.

(,   )

① 돈과 자원을 낭비하게 된다.
② 필요한 물건을 못 사게 된다.
③ 가정의 소득이 늘어나게 된다.
④ 하고 싶은 일을 모두 할 수 있게 된다.
⑤ 가족끼리 대화할 시간이 늘어나게 된다.

3 현명한 소비 생활에 대해 옳게 말한 어린이는 누구인지 쓰시오.

소득의 범위를 넘어서는 소비를 해야 해. — 시호

물건을 고를 때 알맞은 선택 기준을 세워야 해. — 우주

미래를 위해 소득을 모두 저축해야 해. — 경아

(   )

4 물건을 선택하기 위해 정보를 모을 때 다음과 같은 장점이 있는 방법은 어느 것입니까?

(   )

> 물건을 직접 보고 비교할 수 있고, 판매원에게 궁금한 점을 물어볼 수 있습니다.

① 광고 보기   ② 상점 방문하기   ③ 인터넷 검색하기
④ 텔레비전 홈 쇼핑 보기   ⑤ 주변 사람에게 물어보기

오늘의 핵심

❶ 현명한 소비 생활이 필요한 까닭은 쓸 수 있는 돈이 무한하기 때문입니다. (O · X)

❷ 소득의 (모두를 소비 · 일부를 저축)하는 것은 현명한 소비 생활을 하는 방법입니다.

❸ 물건의 정보를 얻는 방법 중 여러 물건의 정보를 한눈에 비교할 수 있고 물건을 산 다른 사람들의 의견도 알 수 있는 방법은 무엇입니까? 답 ☐

우리 주변 상품의 생산지 조사하기

우리 주변의 상품들은 여러 지역과 나라에서 생산되었고, 다양한 방법으로 상품의 생산지를 조사할 수 있습니다.

1. 상품의 생산지(원산지)
- 상품이 만들어진 곳 또는 그 상품이 저절로 생겨나는 곳을 말합니다.
- 우리 주변의 상품들은 여러 지역과 나라에서 생산되었습니다.

2. 상품의 생산지(원산지)를 알 수 있는 방법: 상품에 표시된 정보, 누리집의 상품 소개, 광고지, 상품에 붙은 큐아르(QR) 코드 스캔, 품질 인증 표시, 상품 정보 시스템, 상품 판매대의 정보 등을 통해 알 수 있습니다.

3. 상품의 생산지(원산지) 조사하기
- 조사 과정: 조사 주제 정하기 → 조사 방법 정하기 → 조사한 내용 정리하기
- 조사한 상품의 생산지(원산지) 정리하기

표	우리나라에서 온 상품과 다른 나라에서 온 상품으로 나누어 정리합니다.
보고서	조사 주제, 조사 목적, 조사 방법, 조사 내용, 알게 된 점 등을 작성합니다.
교류 지도	조사한 상품이 어디에서 왔는지 지도에 표시합니다.

1 상품의 생산지를 알 수 있는 방법

우리 주변 상품의 생산지

*상품: 사고파는 물품

우리 주변의 *상품들은 여러 지역과 나라에서 생산되어 왔구나!

*생산지(원산지): 어떤 물품을 만들어 내는 곳, 또는 그 물품이 저절로 생겨나는 곳

상품의 *생산지는 어떻게 알 수 있을까?

상품의 생산지를 알아보는 방법

우리 주변의 상품이 어디서 왔는지 알아보려면 상품과 관련한 정보를 살펴봐야 해.

상품 포장지에 표시된 정보로 싱품의 이름, 생산지, 상품이 언제 만들어졌는지 등을 알 수 있어.

상품에 표시된 정보 확인하기

제품명	
내용량	78 g 식품유형 과자(유탕처리제품)
원재료명	감자(국내산),혼합식용유[팜올레인유(말레이시아산),옥배유(옥수수 외국산(러시아,헝가리,세르비아 등))],토고페롤(혼합형),복합조미식품[화이트치즈맛시즈닝{정제소금(국내산),탈지분유(미국산),버터혼합분말(가공버터(호주산)),아카시아꿀분말(아카시아벌꿀(국내산)),고메버터(프랑스산), 치즈파우더(네덜란드산)}]
우유,대두,밀,조개류(굴) 함유	

품질 인증 표시 확인하기

무농약
(NON PESTICIDE)
농림축산식품

품 명: 대관령 적상추
취급자:
인증번호: 제10600645호
전화번호:
작업장 주소: 경기도 이천시 신둔면 토리리 522 0

산 지 : 강원도 평창군

(주)친환경인증센터
무농약농산물이란

정산자: 여성수 (30 5 1865)
롯트번호: SDM202006210178

2 500000 083211

입점일자: 2020. 06. 22.

큐아르(QR) 코드 스캔하기

상품 정보 시스템 확인하기

상품정보시스템
Product Information System

누리집에서 상품 소개 보기

고시 정보
전자 상거래 등에서의 상품 정보 제공 고시에 따라 작성되었습니다.

색상	상세 페이지 참조
*제조국	중국
A/S 책임자와 전화번호	
품명 및 모델명	○○ 장난감

*제조국: 상품을 만든 나라

광고지 확인하기

맹동, 고창 등 유명산지
당도선별 수박 (8kg 미만/9kg 미만. 국내산)

할인 매장의 광고지를 보고 상품의 생산지, 가격 등을 알 수 있어.

이 외에도 상품 판매대에 안내된 원산지 표시판을 보고 생산지를 확인하거나, 뉴스나 통계 자료를 통해 생산지를 확인할 수 있어.

② 상품의 생산지를 조사하는 과정

1 조사 주제 정하기

집에 있는 상품의 생산지를 조사하기로 했습니다.

각자의 집에 있는 상품들이 어디에서 왔는지 조사해 보자.

2 조사 방법 정하기

상품의 생산지와 관련된 정보를 찾을 방법을 정합니다.

↑ 상점 방문하기

↑ 누리집 방문하기

↑ 광고지 찾아보기

3 조사한 내용 정리하기

상품이 어디에서 왔는지 조사한 내용을 표, 보고서, 교류 지도 등으로 정리합니다.

'우리나라의 여러 지역에서 온 상품'과 '다른 나라에서 온 상품'으로 나누어 정리해 보았어.

표로 정리하기

우리나라의 여러 지역에서 온 상품		다른 나라에서 온 상품	
상품	생산지	상품	생산지
감귤	제주특별자치도	운동화	베트남
텔레비전	경상북도 구미시	아몬드	미국
김치	강원특별자치도 평창군	노트북	중국

보고서 만들기

생산지 조사 결과 보고서

조사 주제	우리 집에 있는 상품들이 어디에서 온 것인지 알아보기
조사 날짜	20○○년 ○월 ○일
조사 방법	상점 방문하기, 누리집 방문하기, 광고지 찾아보기 등
조사 목적	내가 평소에 먹거나 사용하는 상품들이 어디에서 왔는지 알고 싶어서

조사 내용

- 항목: 운동화
- 생산지: 베트남
- 조사 방법: 할인 매장의 광고지 확인

- 항목: 아몬드
- 생산지: 미국
- 조사 방법: 상품에 표시된 정보 확인

- 항목: 감귤
- 생산지: 제주특별자치도
- 조사 방법: 품질 인증 표시 확인

- 항목: 노트북
- 생산지: 중국
- 조사 방법: 누리집에서 상품 소개 검색

- 항목: 텔레비전
- 생산지: 경상북도 구미시
- 조사 방법: 큐아르(QR) 코드 스캔

- 항목: 김치
- 생산지: 강원특별자치도 평창군
- 조사 방법: 상품 판매대의 정보 확인

다양한 지역 또는 나라에서 생산된 상품이 우리 지역으로 이동하여 판매되고 있구나!

알게 된 점
- 우리 주변의 상품들은 다양한 지역에서 생산되었습니다.
- 서로 다른 지역 간에 상품을 주고받으며 교류합니다.

교류 지도 만들기

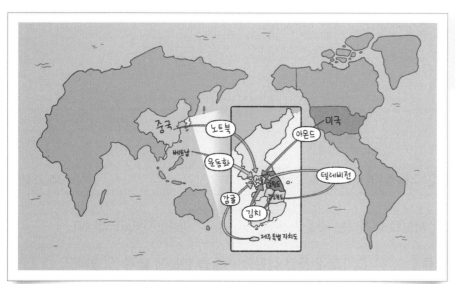

조사한 상품이 어디에서 왔는지 지도에 표시해 보면 상품의 이동을 한눈에 볼 수 있어.

상품의 생산지 조사를 통해 우리나라가 세계 여러 나라와 활발하게 교류하고 있음을 알 수 있어.

개념 정리하기

1. **생산지(원산지)**: 상품이 만들어진 곳 또는 그 상품이 저절로 생겨나는 곳을 말합니다.

2. **상품의 생산지(원산지)를 알 수 있는 방법**

3. **상품의 생산지(원산지) 조사하기**

　① 조사 과정: 조사할 주제 정하기 → 조사 방법 정하기 → 조사한 내용 정리하기

　② 조사한 상품의 생산지(원산지) 정리하기

　　• 표: 우리나라에서 온 상품과 다른 나라에서 온 상품으로 나누어 정리합니다.

　　• 보고서: 조사 주제, 조사 방법, 조사 내용, 알게 된 점 등을 작성합니다.

　　• 교류 지도: 조사한 상품이 어디에서 왔는지 지도에 표시합니다.

　③ 상품의 생산지(원산지) 조사를 통해 알게 된 점

　　• 다양한 지역 또는 나라에서 생산된 상품이 이동하여 소비자에게 판매됩니다.

　　• 우리 주변의 상품들은 여러 지역과 나라에서 생산되었습니다.

　　• 우리나라는 세계 여러 나라와 활발하게 교류하고 있습니다.

초성 퀴즈　　다음 초성을 보고, 핵심 단어를 위에서 찾아 써 봅시다.　　　　　| 정답과 해설 7쪽

1 상품이 만들어진 곳 또는 그 상품이 저절로 생겨나는 곳을 [ㅅ][ㅅ][ㅈ] (원산지)라고 합니다.

2 조사한 상품의 생산지(원산지)를 교류 [ㅈ][ㄷ] 로 만들면 상품의 이동을 한눈에 볼 수 있습니다.

문제로 확인하기

1 다음 ☐ 안에 들어갈 알맞은 말을 쓰시오.

> ☐는 상품이 만들어진 곳 또는 그 상품이 저절로 생겨나는 곳을 말합니다.

(   )

2 상품의 생산지(원산지)를 조사하는 방법으로 알맞지 <u>않은</u> 것은 어느 것입니까?

(   )

① 광고지 확인하기   ② 품질 인증 표시 확인하기
③ 할인 매장 약도 확인하기   ④ 상품 정보 시스템 확인하기
⑤ 큐아르(QR) 코드 스캔하기

3 누리집에서 검색한 다음 상품의 생산지를 찾아 쓰시오.

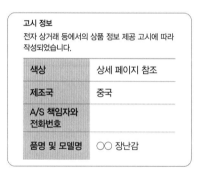

(   )

4 다음은 상품의 생산지를 정리한 표입니다. 다른 나라에서 온 상품은 어느 것입니까?

(   )

상품	생산지
감귤	제주특별자치도
김치	강원특별자치도 평창군
전복	전라남도 완도군
운동화	베트남
텔레비전	경상북도 구미시

① 감귤
② 김치
③ 전복
④ 운동화
⑤ 텔레비전

오늘의 핵심

❶ 상품이 만들어진 곳 또는 그 상품이 저절로 생겨나는 곳을 무엇이라고 합니까?

답

❷ 상품의 품질 인증 표시를 확인하면 물건이 어디에서 왔는지 알 수 있습니다. (O . X)

❸ 우리 주변의 상품들은 (한 . 다양한) 지역과 나라에서 생산되었습니다.

경제적 교류가 일어나는 까닭

지역마다 자연환경과 생산 기술, 자원 등이 달라 경제적 교류가 일어나며, 이 과정에서 각 지역은 경제적 이익을 얻습니다.

1. **경제적 교류**: 개인이나 지역이 경제적 이익을 얻기 위해 서로 상품이나 자원, 기술, 정보 등을 주고받는 것을 말합니다.

2. **경제적 교류가 일어나는 까닭**: 지역마다 자연환경과 생산 기술, 자원 등이 다르기 때문입니다.

3. **지역끼리 경제적 교류를 하면 좋은 점**
   - 경제적 이익을 얻습니다.
   - 우리 지역을 찾는 사람들이 많아져서 지역이 발전합니다.
   - 우리 지역에 없는 것을 이용할 수 있어서 생활이 편리해집니다.
   - 지역끼리 힘을 합해 서로 돕고 좋은 관계를 맺습니다.

❶ 경제적 교류의 의미

(가) 지역

우리 지역 쌀로 만든 다양한 먹거리 덕분에 쌀 판매량이 늘어나고, 지역도 알려졌어요.

(나) 지역

질 좋은 쌀로 쌀과자와 떡을 만들어 판 덕분에 우리 지역도 많은 이익을 얻었어요.

(가) 지역은 (나) 지역에 질 좋은 쌀을 팔아 경제적 이익을 얻었습니다.

(나) 지역은 (가) 지역의 쌀을 이용해서 먹거리를 만들어 경제적 이익을 얻었습니다.

(가) 지역과 (나) 지역은 서로 물건과 기술을 주고받으며 경제적 이익을 얻고 있어.

개인이나 지역이 경제적 이익을 얻기 위해 서로 상품이나 자원, 기술, 정보 등을 주고받는 것을 경제적 교류라고 해.

❷ 경제적 교류가 일어나는 까닭

자연환경의 차이

기후가 따뜻한 지역은 귤을 재배하기에 적합한 곳입니다.

갯벌 지형이 펼쳐져 있는 지역은 조개를 구하기 쉽습니다.

생산 기술의 차이

연구 단지가 있는 지역에서는 신기술을 개발합니다.

기술이 뛰어난 장인들이 있는 지역에서 품질이 우수한 신발을 만듭니다.

자원의 차이

석회석이 풍부한 지역에서는 시멘트를 생산합니다.

석회석은 시멘트를 만드는 데 중심이 되는 재료야.

경제적 교류를 통해 지역들은 서로 의존하게 돼.

지역마다 자연환경, 생산 기술, 자원 등이 다르기 때문에 대표적으로 생산되는 상품들이 다릅니다.

➡ **경제적 교류**

자기 지역에서 많이 생산되는 물건은 다른 지역에 팝니다.

자기 지역에서 생산할 수 없는 물건은 다른 지역에서 사들여 옵니다.

③ 지역끼리 경제적 교류를 하면 좋은 점

경제적 이익을 얻습니다.

지역마다 풍부하게 생산되는 물건을 서로 사고 팔아 경제적 이익을 얻습니다.

직거래 장터에서 지역의 특산물을 알리고 판매하며, 지역을 홍보합니다.

우리 지역을 찾는 사람들이 많아져서 지역이 발전합니다.

물건을 생산하는 공장과 일자리가 많아지고 우리 지역에서 일하는 사람들이 늘어납니다.

우리 지역의 자연, 역사·문화를 보러 오는 사람들이 늘어나서 지역 경제에 도움이 됩니다.

우리 지역에 없는 것을 이용할 수 있어서 생활이 편리해집니다.

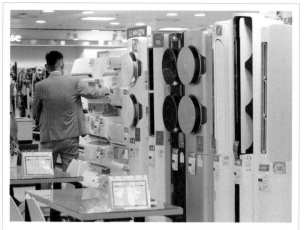

우리 지역에서 생산되지 않는 물건들을 다른 지역에서 들여와서 사용합니다.

다른 지역의 공연, 전시와 같은 문화 상품을 체험합니다.

지역끼리 힘을 합해 서로 돕고 좋은 관계를 맺습니다.

다른 지역과 기술을 교류하면 더 나은 상품을 만들 수 있습니다.

다른 지역과 유용한 정보를 나누고 교류하면서 서로에게 도움을 주고 사이가 더 가까워집니다.

지역 사이의 경제적 교류로 각 지역은 경제적 이익을 얻고, 지역끼리 서로 좋은 관계를 맺어 가깝게 지낼 수 있구나!

또한 지역이 발전하고 지역 주민의 생활이 편리해질 수 있지!

개념 정리하기

1. **경제적 교류**: 개인이나 지역이 경제적 이익을 얻기 위해 서로 상품이나 자원, 기술, 정보 등을 주고받는 것을 말합니다.

2. **경제적 교류가 일어나는 까닭**: 지역마다 자연환경과 생산 기술, 자원 등이 다르기 때문입니다.

자연환경의 차이	• 기후가 따뜻한 지역은 귤을 재배하기에 적합한 곳입니다. • 갯벌 지형이 펼쳐져 있는 지역은 조개를 구하기 쉽습니다.
생산 기술의 차이	• 연구 단지가 있는 지역에서 신기술을 개발합니다. • 기술이 뛰어난 장인들이 있는 지역에서 품질이 우수한 신발을 만듭니다.
자원의 차이	석회석이 풍부한 지역에서 시멘트를 생산합니다.

3. **지역끼리 경제적 교류를 하면 좋은 점**
   ① 경제적 이익을 얻습니다.
   - 지역마다 풍부하게 생산되는 물건을 서로 사고팔아 경제적 이익을 얻습니다.
   - 직거래 장터에서 지역의 특산물을 알리고 판매하며, 지역을 홍보합니다.
   ② 우리 지역을 찾는 사람들이 많아져서 지역이 발전합니다.
   - 물건을 생산하는 공장과 일자리가 많아지고 우리 지역에서 일하는 사람들이 늘어납니다.
   - 우리 지역의 자연, 역사·문화를 보러 오는 사람들이 늘어나서 지역 경제에 도움이 됩니다.
   ③ 우리 지역에 없는 것을 이용할 수 있어서 생활이 편리해집니다.
   - 우리 지역에서 생산되지 않는 물건들을 다른 지역에서 들여와서 사용합니다.
   - 다른 지역의 공연, 전시와 같은 문화 상품을 체험합니다.
   ④ 지역끼리 힘을 합해 서로 돕고 좋은 관계를 맺습니다.
   - 다른 지역과 기술을 교류하면 더 나은 상품을 만들 수 있습니다.
   - 다른 지역과 유용한 정보를 나누고 교류하면서 서로에게 도움을 주고 사이가 더 가까워집니다.

초성 퀴즈 다음 초성을 보고, 핵심 단어를 위에서 찾아 써 봅시다.　　　　　│ 정답과 해설 8쪽

① ㄱ ㅈ ㅈ ㄱ ㄹ 란 개인이나 지역이 경제적 이익을 얻기 위해 서로 상품이나 자원, 기술, 정보 등을 주고받는 것을 말합니다.

② 경제적 교류가 일어나는 까닭은 지역마다 자연환경과 생산 기술, ㅈ ㅇ 등이 다르기 때문입니다.

문제로 확인하기

| 정답과 해설 8쪽

1 다음 ☐ 안에 들어갈 알맞은 말을 쓰시오.

> 경제적 교류란 개인이나 지역이 경제적 ☐ 을 얻기 위해 서로 상품이나 자원, 기술, 정보 등을 주고받는 것을 말합니다.

(   )

2 지역끼리 경제적 교류가 일어나는 까닭으로 알맞은 것을 <u>두 가지</u> 고르시오.

(,   )

① 지역의 인구가 같기 때문에
② 지역의 자연환경이 비슷하기 때문에
③ 가지고 싶은 것을 모두 가질 수 있기 때문에
④ 지역에서 많이 생산되는 자원이 다르기 때문에
⑤ 지역에서 가지고 있는 생산 기술이 다르기 때문에

3 지역 간 경제적 교류의 좋은 점으로 알맞지 <u>않은</u> 것은 어느 것입니까? (   )

① 지역끼리 힘을 합해 도울 수 있다.
② 우리 지역만 경제적 이익을 얻을 수 있다.
③ 다른 지역과 기술 교류를 하여 더 좋은 물건을 만들 수 있다.
④ 우리 지역에 없는 것을 이용할 수 있어서 생활이 편리해진다.
⑤ 다른 지역과 지역 정보를 나누고 교류하면서 사이가 더 가까워진다.

4 경제적 교류에 대해 바르게 말한 어린이는 누구인지 쓰시오.

> • 연우: 경제적 교류를 하면 다른 지역의 특산물을 공짜로 얻을 수 있습니다.
> • 태훈: 지역마다 자연환경과 자원 등이 다르기 때문에 경제적 교류가 일어납니다.
> • 석민: 지역 간 경제적 교류로 한 지역은 이익을 얻지만, 다른 지역은 손해를 봅니다.

(   )

오늘의 핵심

❶ 개인이나 지역이 경제적 이익을 얻기 위해 서로 상품이나 자원, 기술, 정보 등을 주고받는 것을 무엇이라고 합니까? 답 ☐

❷ 지역마다 자연환경과 생산 기술, 자원 등이 (같기 · 다르기) 때문에 지역끼리 경제적 교류를 합니다.

경제적 교류가 이루어지는 대상과 방법

오늘날에는 개인, 기업, 지역, 국가 등이 시장이나 대중 매체를 이용하여 다양한 방법으로 경제적 교류를 하고 있습니다.

1. **경제적 교류를 하는 대상**: 개인, 기업, 지역, 국가 등이 있습니다.

2. **경제적 교류의 모습 변화**

옛날	오늘날
주로 시장에서 경제적 교류가 활발하였습니다.	다양한 장소에서 여러 가지 방법으로 경제적 교류를 하고 있습니다.

3. **오늘날의 경제적 교류 방법**

시장을 이용한 경제적 교류	전통 시장, 농산물 직거래 장터, 할인 매장, 도매 시장 등에서 경제적 교류가 이루어집니다.
대중 매체를 이용한 경제적 교류	인터넷, 스마트폰, 텔레비전 홈 쇼핑 등을 통해서 경제적 교류가 이루어집니다.

❶ 경제적 교류를 하는 대상

기업에서 개인의 아이디어를 활용해 제품을 개발하거나 홍보하기도 해.

상품, 기술, 정보 교환

○○기업

개인과 기업

개인과 기업은 상품이나 기술, 정보 등을 교환하며 경제적 교류를 합니다.

경제적 교류는 개인, 기업, 지역, 국가 사이에서 다양하게 이루어져.

△△과 ○○지역 업무 협약 체결

지역과 기업

*업무 협약: 단체와 개인, 또는 단체와 단체 사이에 특정 업무와 관련된 약속을 체결함.

*체결: 계약이나 조약 따위를 공식적으로 맺음.

지역과 기업은 *업무 협약을 *체결하고 기술을 공유하여 새로운 상품을 개발하는 등의 경제적 교류를 합니다.

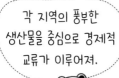

각 지역의 풍부한 생산물을 중심으로 경제적 교류가 이루어져.

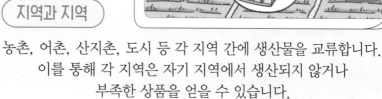

지역과 지역

농촌, 어촌, 산지촌, 도시 등 각 지역 간에 생산물을 교류합니다. 이를 통해 각 지역은 자기 지역에서 생산되지 않거나 부족한 상품을 얻을 수 있습니다.

국가와 국가

개인, 기업, 지역, 국가는 경제적 교류로 서로에게 경제적 이익을 주며 좋은 관계를 유지할 수 있어.

국가 간에 서로 필요한 상품이나 기술 등을 교류합니다.

② 경제적 교류가 이루어지는 방법

시장을 이용한 경제적 교류

오늘날에는 교통과 통신이 발달하면서 경제적 교류가 이루어지는 장소와 방법이 다양해지고 있어.

전통 시장

다양한 상점들이 모여 있는 전통 시장에서 물건을 사고팝니다.

시장을 이용하면 물건의 품질을 직접 확인하고 살 수 있지.

농산물 직거래 장터

촌락에서 재배한 신선한 농산물을 생산자가 직접 파는 시장에서 경제적 교류가 이루어집니다.

할인 매장

다양하고 저렴한 물건이 많은 할인 매장에서 물건을 사고팝니다.

교통이 발달하면서 각 지역의 다양한 물건이 오갈 수 있게 되어 시장에서의 경제적 교류가 활발해졌어.

도매 시장

여러 개의 물건을 한꺼번에 파는 가게가 모여 있는 도매 시장에서 경제적 교류가 이루어집니다.

대중 매체를 이용한 경제적 교류

요즘에는 통신수단이 발달하면서 *대중 매체를 이용한 경제적 교류가 늘어나고 있어.

*대중 매체: 인터넷, 텔레비전, 스마트폰, 신문, 잡지 등 많은 사람에게 대량으로 사실이나 정보를 전달하는 수단

스마트폰을 이용한 경제적 교류

대중 매체를 이용하면 짧은 시간에 물건의 특징, 가격 등의 정보를 얻을 수 있어.

인터넷을 이용한 경제적 교류

또한 다양한 상품의 정보를 쉽게 비교해 볼 수 있지.

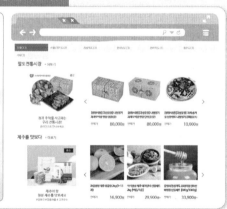

텔레비전 홈 쇼핑을 이용한 경제적 교류

대중 매체를 이용하면 시간과 장소의 제한을 받지 않고 쉽고 편리하게 물건을 사고팔 수 있어.

개념 정리하기

1. 경제적 교류를 하는 대상: 개인, 기업, 지역, 국가 등이 있습니다.

개인과 기업	상품이나 기술, 정보 등을 교환하며 경제적 교류를 합니다.
지역과 기업	업무 협약을 체결하고 기술을 공유하여 새로운 상품을 개발하는 등의 경제적 교류를 합니다.
지역과 지역	농촌, 어촌, 산지촌, 도시 등 각 지역 간에 생산물을 교류합니다.
국가와 국가	국가 간에 서로 필요한 상품이나 기술 등을 교류합니다.

2. 경제적 교류의 모습 변화

옛날		오늘날
주로 시장에서 경제적 교류를 활발하게 하였습니다.	교통과 통신의 발달 →	다양한 장소에서 여러 가지 방법으로 경제적 교류를 하고 있습니다.

3. 경제적 교류가 이루어지는 방법

① 시장을 이용한 경제적 교류

방법	전통 시장, 농산물 직거래 장터, 할인 매장, 도매 시장 등에서 경제적 교류가 이루어집니다.
특징	• 물건의 품질을 직접 확인하고 살 수 있습니다. • 교통의 발달로 오늘날 시장에서는 각 지역의 다양한 물건을 볼 수 있습니다.

② 대중 매체를 이용한 경제적 교류

방법	스마트폰, 인터넷, 텔레비전 홈 쇼핑 등을 이용하여 경제적 교류가 이루어집니다.
특징	• 짧은 시간에 물건의 정보를 얻을 수 있습니다. • 다양한 상품의 정보를 쉽게 비교해 볼 수 있습니다. • 시간과 장소의 제한을 받지 않고 쉽고 편리하게 물건을 사고팔 수 있습니다.

초성 퀴즈 다음 초성을 보고, 핵심 단어를 위에서 찾아 써 봅시다.

| 정답과 해설 8쪽

1 경제적 교류를 하는 대상은 개인, 기업, 지역, ⬚ㄱ ⬚ㄱ 등 다양하게 있습니다.

2 인터넷, 스마트폰, 텔레비전 홈 쇼핑 등 ⬚ㄷ ⬚ㅈ ⬚ㅁ ⬚ㅊ 를 이용하면 시간과 장소의 제한을 받지 않고 쉽고 편리하게 물건을 사고팔 수 있습니다.

1 다음 ☐ 안에 들어갈 알맞은 말을 쓰시오.

> 경제적 교류를 하는 대상은 [   ], 기업, 지역, 국가 등 다양하게 있습니다.

(   )

2 다음과 같이 경제적 교류 모습이 변화한 이유로 알맞은 것은 어느 것입니까? (   )

> 옛날에는 주로 시장에서 경제적 교류를 활발하게 하였으나, 오늘날에는 다양한 장소에서 여러 가지 방법으로 경제적 교류를 하고 있습니다.

① 인구가 줄었기 때문에   ② 도시가 많아졌기 때문에
③ 교통과 통신이 발달했기 때문에   ④ 다른 지역과의 교류가 줄었기 때문에
⑤ 사람들이 파는 물건의 종류가 같기 때문에

3 시장을 이용한 경제적 교류의 특징으로 알맞은 것은 어느 것입니까?   (   )

① 물건의 품질을 직접 확인하고 살 수 있다.
② 짧은 시간에 물건의 정보를 얻을 수 있다.
③ 국가와 국가 간의 경제적 교류만 이루어진다.
④ 인터넷, 스마트폰을 이용하여 물건을 살 수 있다.
⑤ 시간과 장소의 제한을 받지 않고 물건을 사고팔 수 있다.

4 대중 매체를 이용한 경제적 교류 방법에 해당하지 <u>않는</u> 것은 어느 것입니까? (   )

① ↑ 인터넷을 이용해 물건 구매하기   ② ↑ 전통 시장에서 물건 구매하기   ③ ↑ 스마트폰을 이용해 물건 구매하기   ④ ↑ 텔레비전 홈 쇼핑으로 물건 구매하기

오늘의 핵심

❶ 경제적 교류는 지역과 지역 간에만 이루어집니다. (O . X)

❷ (시장 . 대중 매체)을/를 이용하여 경제적 교류를 하는 방법에는 전통 시장, 할인 매장, 도매 시장 등에서 물건을 사고파는 방법이 있습니다.

지역의 다양한 경제적 교류

오늘날 지역 간에는 생산물, 기술, 문화를 중심으로 다양한 경제적 교류가 이루어지고 있습니다.

1. **지역의 경제적 교류**: 각 지역은 그 지역에서 생산하는 물자를 다른 지역으로 보내고, 직접 생산하기 어려운 물자는 다른 지역에서 들여옵니다.

생산물 교류	각 지역의 풍부한 생산물을 중심으로 경제적 교류를 합니다.
기술 교류	각 지역은 기술 교류를 통해 서로의 지역에 부족한 기술을 보완하여 경제적 이익을 얻습니다.
문화 교류	여러 지역이 공연, 전시회, 운동 경기, 관광 등을 통해 교류합니다.

2. **경제적 교류 모습 조사하기**: 인터넷 검색, 시장 조사, 지역 신문·소식지와 지역 누리집에서 찾기 등을 통해 조사할 수 있습니다.

1 지역 간 생산물 교류

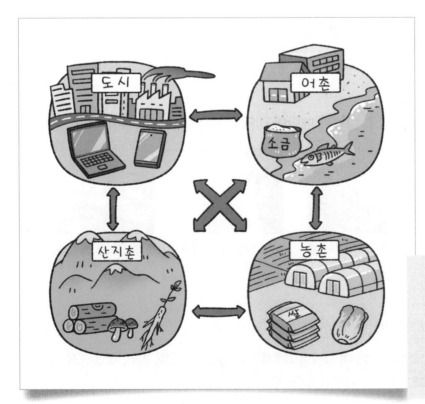

자기 지역의 풍부한 생산물을 중심으로 다른 지역과 경제적 교류를 해.

지역마다 기후 등의 자연환경과 기술 수준이 다르기 때문에 생산되는 물건도 달라.

각 지역의 주요 생산물
• 도시: 자동차, 기계, 부품 등
• 어촌: 생선, 조개, 김, 소금 등
• 산지촌: 목재, 버섯, 약초, 산나물 등
• 농촌: 곡식, 과일, 채소 등

철원군, 서귀포시와 농산물 교류

강원도 철원군이 추석을 앞두고, 자매 결연을 한 제주도 서귀포시와 농산물을 교류하였다.

철원군은 햅쌀인 철원 오대쌀 1,200 포대를 서귀포시로 보냈고, 서귀포시는 당도 높은 감귤 1,800 상자를 철원군으로 보냈다. 철원군과 서귀포시는 1995년부터 지금까지 57회에 걸쳐 약 33억 원어치의 농산물을 교환하며 경제적 교류를 이어왔다.

– 강원일보, 2020. 9. 30.

지역 간 생산물을 교류하면서 각 지역의 상품을 소개할 수 있고, 경제적 이익을 얻을 수 있어.

각 지역은 그 지역에서 생산하는 물자를 다른 지역으로 보내고, 직접 생산하기 어려운 물자는 다른 지역에서 들여와.

② 지역 간 기술 교류

광주광역시와 서울특별시는 '도시 철도 건설'에 관한 업무 협약을 맺고, 도시 철도 건설의 기술과 정보를 교환하기로 하였습니다.

하동 지역의 녹차 연구소와 금산 지역의 인삼 약초 연구소가 협력하여 녹차와 인삼을 이용한 기능성 상품을 만들기로 하였습니다.

각 지역은 기술 교류를 통해 서로의 지역에 부족한 기술을 보완하여 경제적 이익을 얻어.

자동차를 만드는 기술이 뛰어난 울산광역시와 자율 주행 자동차 시험 기술을 가진 세종특별자치시가 교류하여 더 나은 자율 주행 자동차를 개발하는 데 힘을 기울입니다.

3 지역 간 문화 교류

대전광역시는 부산광역시, 성남시, 안산시 등 여러 지역과 함께 '화려한 만남'이라는 교류 음악회를 열고 있습니다.

지역 간 경제적 교류는 두 지역 사이에서 이루어지기도 하지만, 여러 지역이 협력해서 이루어지기도 해.

각 지역은 공연, 전시회, 운동 경기 등의 문화를 교류하여 경제적 이익을 얻어.

경기도 이천시는 중국 징더전시와 자매결연을 통하여 문화를 교류하고 있습니다.

국내 지역뿐만 아니라 중국, 미국 등 세계 여러 나라와도 문화 활동과 함께하는 경제적 교류가 이루어지고 있어.

경상북도는 전북특별자치도와 함께 문경시에서 '관광 교류전'을 열었습니다.

여러 지역이 협력하여 관광 상품 개발, 관광 홍보 등 공동으로 관광 사업을 추진해.

축제와 문화 공연에 참여하는 사람들의 소비 활동으로 각 지역은 경제적 이익을 얻을 수 있어.

경상남도 진주시에서 열리는 진주 남강 유등 축제를 즐기러 다른 지역 사람들이 찾아옵니다.

4 지역의 경제적 교류 모습 조사하기

인터넷 검색하기

인터넷에서 우리 지역과 다른 지역의 대표 상품을 검색하고, 상품을 파는 인터넷 쇼핑몰에 들어가 상품의 교류 모습을 살펴봅니다.

시장에서 조사하기

전통 시장이나 할인 매장에 가서 우리 지역과 다른 지역의 대표 상품을 찾아보고, 사람들이 어떤 상품을 많이 사 가는지 살펴봅니다.

지역 신문이나 소식지에서 찾기

지역 신문이나 소식지에서 우리 지역과 다른 지역의 경제적 교류 모습을 찾아봅니다.

지역 누리집에서 찾기

지역 누리집에 들어가 우리 지역과 다른 지역의 경제 교류나 경제 협력 사례를 찾아봅니다.

경제 교류, 경제 협력, 자매결연, 협약, 직거래 등의 낱말을 검색해 보면 쉽게 찾을 수 있어.

개념 정리하기

1. **지역의 경제적 교류**: 각 지역은 그 지역에서 생산하는 물자를 다른 지역으로 보내고, 직접 생산하기 어려운 물자는 다른 지역에서 들여옵니다.

생산물 교류	• 지역마다 자연환경과 기술 수준이 달라서 생산되는 물건이 다르기 때문에 각 지역의 풍부한 생산물을 중심으로 경제적 교류를 합니다. • 지역의 상품을 소개할 수 있고, 경제적 이익을 얻을 수 있습니다.
기술 교류	각 지역은 기술 교류를 통해 서로의 지역에 부족한 기술을 보완하여 경제적 이익을 얻습니다.
문화 교류	각 지역은 공연, 전시회, 운동 경기, 관광 등을 통해 교류하여 경제적 이익을 얻습니다.

↳ 지역 간 경제적 교류는 여러 지역이 협력해서 이루어지기도 하고, 다른 나라와의 협력으로 이루어지기도 합니다.

2. **지역의 경제적 교류 모습 조사하기**

인터넷 검색하기	시장에서 조사하기
인터넷에서 우리 지역과 다른 지역의 대표 상품을 검색하고, 상품을 파는 인터넷 쇼핑몰에 들어가 상품의 교류 모습을 살펴봅니다.	전통 시장이나 할인 매장에 가서 우리 지역과 다른 지역의 대표 상품을 찾아보고, 사람들이 어떤 상품을 많이 사 가는지 살펴봅니다.
지역 신문이나 소식지에서 찾기	**지역 누리집에서 찾기**
지역 신문이나 소식지에서 우리 지역과 다른 지역의 경제적 교류 모습을 찾아봅니다.	지역 누리집에 들어가 우리 지역과 다른 지역의 경제 교류나 경제 협력 사례를 검색합니다.

3. **경제적 교류가 지역 경제에 주는 영향**: 지역의 경제적 교류가 늘어나면 지역 주민들의 경제활동이 활발해지고 지역 경제가 성장합니다.

초성 퀴즈 다음 초성을 보고, 핵심 단어를 위에서 찾아 써 봅시다.　　　　　| 정답과 해설 8쪽

1 각 지역은 공연, 전시회, 운동 경기 등의 ㅁ ㅎ 활동으로 경제적 교류를 합니다.

2 지역마다 ㅈ ㅇ ㅎ ㄱ 과 기술 수준이 다르기 때문에 각 지역의 풍부한 생산물을 중심으로 경제적 교류가 이루어집니다.

문제로 확인하기

| 정답과 해설 8쪽

1 다음 자료로 보아 도시 사람들이 도시에서 생산되지 않는 생산물을 이용할 수 있는 까닭으로 알맞은 것은 어느 것입니까? ( )

① 각 지역이 문화 교류를 하기 때문에
② 지역마다 같은 물건이 부족하기 때문에
③ 지역마다 생산하는 물자가 같기 때문에
④ 국가와 국가 간의 경제적 교류는 일어나지 않기 때문에
⑤ 각 지역이 풍부한 생산물을 중심으로 경제적 교류를 하기 때문에

2 다음은 무엇을 이용한 경제적 교류의 모습을 나타낸 것입니까? ( )

> 대전광역시는 부산광역시, 성남시, 안산시 등 여러 지역과 함께 '화려한 만남'이라는 교류 음악회를 열고 있습니다.

① 관광   ② 기술   ③ 문화   ④ 물자   ⑤ 대중 매체

3 지역의 경제적 교류에 대해 바르게 말한 어린이는 누구인지 쓰시오.

> • 성은: 문화 교류는 국내 지역끼리만 이루어집니다.
> • 준영: 지역의 경제적 교류 증가와 지역 주민들의 경제활동은 관련이 없습니다.
> • 해준: 각 지역은 지역 축제, 문화 공연을 통해 경제적 이익을 얻을 수 있습니다.

( )

4 다음과 같이 지역의 경제적 교류를 조사하는 방법은 어느 것입니까? ( )

> 전통 시장이나 할인 매장에 가서 우리 지역과 다른 지역의 대표 상품을 찾아보고, 사람들이 어떤 상품을 많이 사 가는지 살펴봅니다.

① 인터넷 검색하기   ② 시장에서 조사하기   ③ 지역 신문에서 찾기
④ 지역 누리집에서 찾기   ⑤ 지역 소식지에서 찾기

오늘의 핵심

❶ 지역 간 생산물을 교류하면서 각 지역의 상품을 소개할 수 있습니다. (O . X)

❷ 지역 간의 경제적 교류는 항상 두 지역 사이에서만 일어납니다. (O . X)

❸ 각 지역은 (기술 . 문화) 교류를 통해 서로의 지역에 부족한 기술을 보완합니다.

다양한 지역의 대표 상품

각 지역은 자기 지역을 대표하는 특산물을 내세워 활발하게 경제활동을 합니다.

1. **지역의 대표 상품**: 각 지역을 대표하는 특산물입니다.
   - 지역마다 자연환경, 생산 기술, 자원, 교통의 발달 정도 등이 다르기 때문에 지역의 대표 상품이 다릅니다.
   - 지역 간 경제적 교류는 지역의 대표 상품을 중심으로 이루어집니다.

2. **지역의 대표 상품을 소개하는 방법**
   - 지역의 대표 상품을 활용하여 캐릭터를 만듭니다.
   - 지역 대표 상품의 특징을 잘 나타내는 지역 상표를 만듭니다.
   - 지역의 대표 상품을 소개하는 홍보 포스터를 만듭니다.
   - 지역 대표 상품의 장점을 잘 보여 주는 광고를 만듭니다.
   - 지역의 대표 상품을 판매하는 누리집을 만듭니다.
   - 지역의 대표 상품을 소개하는 박람회에 참여합니다.

1 지역의 대표 상품

특산물

*박람회: 우리 지역을 대표하는 상품을 다른 지역에 소개하고 파는 곳

*박람회를 열어서 우리 지역의 대표 상품을 다른 지역에 홍보하거나 다른 지역의 상품을 우리 지역에 들여오기도 해.

우리나라 각 지역을 대표하는 상품

지역마다 자연환경, 생산 기술, 자원, 교통의 발달 정도 등이 달라서 대표 상품도 달라.

우리나라 지역을 대표하는 상품 지도

각 지역은 자기 지역의 대표 상품을 중심으로 활발하게 경제활동을 하고 있어.

우리는 경제적 교류를 통해 일상생활에서 다른 지역의 대표 상품을 접할 수 있지!

지도에 나타난 각 지역의 대표 상품

지역	대표 상품	지역	대표 상품
경기도 가평군	잣	경상북도 영덕군	대게
강원특별자치도 횡성군	한우	울산광역시	배
제주특별자치도	감귤, 옥돔, 흑돼지	전라남도 영광군	굴비

② 지역의 대표 상품을 소개하는 방법

지역의 대표 상품을 홍보하여 경제적 교류가 활발해지면 각 지역은 경제적 이익을 얻을 수 있어. 이 때문에 대표 상품을 홍보하는 데 다양한 방법을 활용해!

지역 캐릭터

지역의 대표 상품을 활용하여 캐릭터를 만듭니다.

↑ 공주시 캐릭터

↑ 영덕군 캐릭터

공주시 캐릭터의 가슴 문양에는 공주의 특산물인 알밤이 그려져 있어. 영덕군 캐릭터는 특산물인 대게를 사람처럼 그려서 만들어졌지.

지역 상표

지역 대표 상품의 특성이 잘 나타난 지역 상표를 만듭니다.

↑ 보성군의 지역 상표

↑ 안동시의 지역 상표

보성군의 지역 상표에는 보성의 녹차를 표현한 녹차 잎 그림이 들어가 있어. 안동시의 지역 상표에는 대표 상품인 콩 그림이 그려져 있어.

홍보 포스터

지역의 대표 상품을 소개하는 홍보 포스터를 만듭니다.

↑ 남해군의 죽방 멸치 홍보 포스터

광고 영상

지역의 대표 상품으로 광고를 만듭니다.

↑ 보령군의 특산물 홍보 광고 영상

소개 자료를 만드는 방법

지역 캐릭터	• 지역의 대표적인 관광지나 특산물을 한 가지 정해 캐릭터를 만듭니다. • 대표 상품의 특징을 살려 사람처럼 표현하기도 합니다.
지역 상표	• 지역의 역사, 자연환경, 대표적인 관광지, 특산물 등이 드러나게 표현합니다. • 한눈에 지역의 특징을 알아볼 수 있도록 합니다. • 다른 지역과의 차이점, 장점을 강조하여 눈에 띄게 나타냅니다.
홍보 포스터	• 상품의 특징을 재미있게 표현합니다. • 상품 정부를 그림이나 글에 담아 표현합니다. • 상품의 이미지와 함께 홍보 문구도 넣습니다.
광고 영상	• 상품 정보를 대사나 노래로 표현합니다. • 보는 사람이 상품의 특성을 쉽게 알 수 있도록 만듭니다.

상품을 판매하는 누리집을 만들거나, 박람회에 참여하여 지역 상품을 소개할 수도 있어.

지역 상품을 다른 지역에 널리 알리면 지역 간 교류를 넓히고 지역 발전에 이바지할 수 있어.

지역 캐릭터 만들기 활동

알리고 싶은 지역	충청북도 단양군
알리고 싶은 대표 상품	마늘
알리고 싶은 이유	품질이 좋기로 유명하고 마늘을 이용하여 만든 다양한 음식이 있기 때문입니다.
소개 자료의 종류	지역 캐릭터 만들기

캐릭터 이름

마늘이

캐릭터 설명

단양군의 마늘에는 영양가가 많아서 이 마늘을 먹으면 건강해진다는 점을 표현하였습니다.

캐릭터 그림

개념 정리하기

1. 지역의 대표 상품

① 각 지역을 대표하는 특산물입니다.
  ⓓ 가평군의 잣, 횡성군의 한우, 제주특별자치도의 감귤, 영덕군의 대게, 울산
  광역시의 배, 영광군의 굴비 등
② 지역마다 자연환경, 생산 기술, 자원, 교통의 발달 정도 등이 다르기 때문에
  지역의 대표 상품이 다릅니다.

2. 대표 상품과 경제적 교류

① 지역의 대표 상품을 중심으로 지역 간 경제적 교류가 이루어집니다.
② 지역의 대표 상품을 홍보하여 경제적 교류가 활발해지면 각 지역은 경제적
  이익을 얻을 수 있습니다.

3. 지역의 대표 상품을 소개하는 방법

지역 캐릭터 만들기	• 지역의 대표 상품을 한 가지 정해 캐릭터를 만듭니다. • 대표 상품의 특징을 살려 사람처럼 표현하기도 합니다.
지역 상표 만들기	• 지역 대표 상품의 특징을 잘 나타내는 지역 상표를 만듭니다. • 한눈에 지역의 특징을 알아볼 수 있도록 합니다.
홍보 포스터 만들기	• 지역의 대표 상품을 소개하는 홍보 포스터를 만듭니다. • 상품 정보를 그림이나 글에 담아 표현하고, 홍보 문구를 넣습니다.
광고 영상 만들기	• 지역 대표 상품의 장점을 잘 보여 주는 광고 영상을 만듭니다. • 보는 사람이 상품의 특성을 쉽게 알 수 있도록 만듭니다.
누리집 만들기	지역의 대표 상품을 판매하는 누리집을 만듭니다.
박람회 참여하기	박람회에 참여하여 우리 지역의 대표 상품을 다른 지역에 홍보합니다.

4. 지역의 대표 상품을 소개하면 좋은 점: 지역의 대표 상품을 다른 지역에 널리 알리면 지역 간 교류를 넓히고 지역 발전에 이바지할 수 있습니다.

초성 퀴즈 다음 초성을 보고, 핵심 단어를 위에서 찾아 써 봅시다.

| 정답과 해설 9쪽

1 각 지역의 대표 상품이 다른 까닭은 지역마다 자연환경, 생산 기술, ㅈ ㅇ , 교통의 발달 정도 등이 다르기 때문입니다.

2 지역의 대표 상품을 중심으로 지역 간 경제적 ㄱ ㄹ 가 이루어집니다.

문제로 확인하기

1 다음 ☐ 안에 들어갈 지역으로 알맞은 곳은 어느 곳입니까? ( )

> 강원특별자치도 [   ]의 대표 상품은 한우입니다.

① 고창군　　② 삼척시　　③ 속초시　　④ 파주시　　⑤ 횡성군

2 다음 ☐ 안에 공통으로 들어갈 알맞은 말을 쓰시오.

> • [   ]에서 우리 지역을 대표하는 상품을 다른 지역에 소개할 수 있습니다.
> • 우리 지역의 대표 상품을 다른 지역에 홍보하거나 다른 지역의 상품을 우리 지역에 들여오기 위해서 [   ]가 열립니다.

( )

3 다음과 같이 지역의 대표 상품을 소개하는 방법은 어느 것입니까? ( )

공주시

① 광고 만들기
② 지역 상표 만들기
③ 박람회에 참여하기
④ 지역 캐릭터 만들기
⑤ 홍보 포스터 만들기

4 각 지역의 대표 상품에 대해 <u>잘못</u> 말한 학생은 누구입니까? ( )

① 경호: 그 지역에서만 소비됩니다.
② 민영: 박람회에서 살펴볼 수 있습니다.
③ 병우: 지역 간 경제적 교류가 이루어지는 중심이 됩니다.
④ 수진: 지역마다 자연환경, 생산 기술, 자원 등이 달라 대표 상품이 다릅니다.
⑤ 현선: 지역의 대표 상품을 다른 지역에 널리 알리면 지역 발전에 이바지할 수 있습니다.

오늘의 핵심

❶ 지역의 대표 상품은 다른 지역과 경제적 교류를 하는 데 중심이 됩니다. (O · X)

❷ 지역 대표 상품의 특징을 살려 사람처럼 표현하는 것은 (캐릭터 · 광고 영상)을/를 만들어 대표 상품을 소개하는 방법입니다.

단원평가

단원을
마무리하자~

9일차~17일차

2. 필요한 것의 생산과 교환

1 다음 빈칸에 공통으로 들어갈 알맞은 말을 쓰시오.

> 사람들의 필요나 욕구에 비해 자원이 부족한 상태를 (　　　)이라고 합니다. 자원의 (　　　) 때문에 경제활동에서 선택의 문제가 일어납니다.

(　　　　　　　　)

2 다음 어린이가 모든 놀이 기구를 탈 수 없는 이유로 알맞은 것은 어느 것입니까? (　　)

> 타고 싶은 놀이 기구가 많지만 시간이 30분 밖에 없어.

① 돈이 부족하기 때문에
② 시간이 부족하기 때문에
③ 좋아하는 놀이 기구가 없기 때문에
④ 놀이 기구를 타고 싶지 않기 때문에
⑤ 부모님께서 허락하지 않았기 때문에

3 선택의 문제를 겪는 상황으로 알맞지 <u>않은</u> 것은 어느 것입니까? (　　)

① 버스를 타고 회사에 가고 있다.
② 음식점에서 무엇을 먹을지 고민하고 있다.
③ 떡볶이와 김밥 중 어떤 것을 먹을지 고민하고 있다.
④ 필통과 티셔츠 중 무엇을 살지 고민하고 있다.
⑤ 용돈 중 얼마를 모으고 얼마를 쓸지 고민하고 있다.

4 물건을 살 때 현명한 선택을 하는 방법으로 알맞지 <u>않은</u> 것은 어느 것입니까? (　　)

① 꼭 필요한 물건인지 생각해 본다.
② 디자인이 마음에 드는지 살펴본다.
③ 돈을 많이 쓸 수 있는지 따져 본다.
④ 오래 쓸 수 있는 물건인지 따져 본다.
⑤ 편리함을 얻을 수 있는지 생각해 본다.

5~6 다음 선택 기준표를 보고, 물음에 답하시오.

재균이의 티셔츠 선택 기준표

구분	㉠ 제품	㉡ 제품	㉢ 제품
가격	1점	2점	3점
디자인	1점	3점	2점
편리성	2점	1점	3점
합계	4점	6점	8점

5 위의 선택 기준표에 따라 재균이가 선택해야 할 제품으로 알맞은 것의 기호를 쓰시오.

(　　　　　　　　)

6 다음과 같은 경우 재균이가 선택해야 할 제품으로 알맞은 것의 기호를 쓰시오.

> 재균: 디자인이 예쁜 티셔츠를 사고 싶어.

(　　　　　　　　)

7 다음 중 소비 활동은 어느 것입니까? (　　)

① 공연하기
② 진료받기
③ 과일 팔기
④ 버섯 따기
⑤ 휴대 전화 만들기

8 다음 사진과 생산 활동의 종류가 같은 것은 어느 것입니까? ( )

① 공연하기
② 책 만들기
③ 물건 배달하기
④ 환자 진료하기
⑤ 염전에서 소금 얻기

9 현명한 소비 생활을 하기 위한 방법으로 알맞은 것은 어느 것입니까? ( )

① 용돈의 모두를 저축한다.
② 용돈 기입장은 쓰지 않는다.
③ 친구에게 선물을 사 주지 않는다.
④ 물건을 사기 전에 물건의 정보를 확인한다.
⑤ 용돈의 범위를 넘어서는 소비 계획을 세운다.

서술형

10 다음과 같은 방법으로 물건의 정보를 찾으면 좋은 점은 무엇인지 쓰시오.

인터넷으로 정보를 검색해야지.

_____

_____

11 오른쪽과 같이 상품과 관련한 정보를 찾는 방법은 어느 것입니까? ( )

① 품질 인증 표시 확인하기
② 큐아르(QR) 코드 스캔하기
③ 누리집에서 상품 소개 보기
④ 상품 정보 시스템 확인하기
⑤ 할인 매장의 광고지 확인하기

12 다음은 우리 주변의 상품이 어디에서 왔는지 조사한 표입니다. 다른 나라에서 온 상품을 모두 고르시오. ( )

상품	생산지(원산지)
감귤	제주특별자치도
한우	강원특별자치도 횡성군
아몬드	미국
청바지	베트남
텔레비전	경상북도 구미시

① 감귤
② 한우
③ 아몬드
④ 청바지
⑤ 텔레비전

중요

13 지역끼리 경제적 교류가 일어나는 까닭으로 알맞은 것은 어느 것입니까? ( )

① 지역의 소득이 다르기 때문에
② 지역의 자연환경이 비슷하기 때문에
③ 지역의 생산 기술이 차이 나기 때문에
④ 지역마다 비슷한 자원이 생산되기 때문에
⑤ 지역에서 생산되는 대표 상품이 같기 때문에

14 다음 밑줄 친 '영향'으로 알맞지 <u>않은</u> 것은 어느 것입니까? ( )

> 다양한 경제적 교류로 각 지역들은 서로 좋은 <u>영향</u>을 미칠 수 있습니다.

① 지역 간 사이가 더 가까워진다.
② 지역 간의 경쟁에서 이길 수 있다.
③ 지역의 특산물을 소개해 경제적 이익을 얻을 수 있다.
④ 우리 지역에 없는 것을 이용할 수 있어서 생활이 편리해진다.
⑤ 우리 지역을 보러 오는 사람들이 늘어나서 지역 경제에 도움이 된다.

15 다음 그림에 나타난 경제적 교류를 하는 대상은 어느 것입니까? ( )

① 개인과 기업 ② 기업과 기업
③ 기업과 지역 ④ 지역과 지역
⑤ 국가와 국가

16 시장을 이용한 경제적 교류 방법의 좋은 점으로 알맞은 것은 어느 것입니까? ( )

① 스마트폰으로 물건을 사고팔 수 있다.
② 여러 상품의 정보를 쉽게 비교할 수 있다.
③ 물건의 품질을 직접 확인하고 살 수 있다.
④ 짧은 시간에 물건의 정보를 얻을 수 있다.
⑤ 시간과 장소의 제한을 받지 않고 물건을 사고팔 수 있다.

17 대중 매체를 이용한 경제적 교류 방법으로 알맞은 것은 어느 것입니까? ( )

①
↑ 전통 시장에서 물건 구매하기

②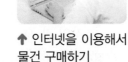
↑ 인터넷을 이용해서 물건 구매하기

③
↑ 할인 매장에서 물건 구매하기

④
↑ 도매 시장에서 물건 구매하기

18 다음 글에 나타난 경제적 교류 모습으로 알맞은 것은 어느 것입니까? ( )

> 대전광역시는 부산광역시, 성남시, 안산시 등 여러 지역과 함께 '화려한 만남'이라는 교류 음악회를 열고 있습니다.

① 지역 간 기술의 경제적 교류
② 지역 간 생산물의 경제적 교류
③ 대중 매체를 이용한 경제적 교류
④ 도매 시장을 이용한 경제적 교류
⑤ 문화 활동과 함께하는 경제적 교류

★중요★
19 경제적 교류에 대해 <u>잘못</u> 말한 어린이는 누구입니까? ( )

①
중국, 미국 등 세계 여러 나라와도 교류를 해.
윤아

②
지역들은 서로 협력해서 경제적 이익을 얻어.
소희

③
문화, 기술, 생산물 등 다양한 교류가 이루어져.
하준

④
지역 간의 교류는 두 지역 사이에서만 이루어져.
지민

20 다음과 같이 지역의 대표 상품을 소개하는 방법은 어느 것입니까? ( )

① 동영상 만들기
② 지역 상표 만들기
③ 박람회에 참여하기
④ 지역 캐릭터 만들기
⑤ 홍보 포스터 만들기

1 (   )은 사람들이 생활에 필요한 여러 가지를 만들거나 파는 것, 사는 것과 관련된 모든 활동을 말합니다.

1

2 (㉠   )은 생활에 필요한 물건이나 서비스를 만들어 내는 활동을 말하고, (㉡   )는 (㉠   )한 것을 구매하여 사용하거나 서비스를 이용하는 활동을 말합니다.

2 ㉠

㉡

3 생산 활동의 종류 중에서 옷 만들기, 건물 짓기, 휴대 전화 만들기는 생활에 필요한 것을 (만드는 , 자연에서 얻는) 활동입니다.

3

4 소득의 (모두 , 일부)를 저축하여 미래를 준비하는 것은 현명한 소비 생활입니다.

4

5 물건의 정보를 얻을 때 (광고 보기 , 상점 방문하기)를 이용하면 판매원에게 물건의 정보 중 궁금한 점을 물어볼 수 있습니다.

5

6 상품이 만들어진 곳 또는 그 상품이 저절로 생겨나는 곳을 무엇이라고 합니까?

6

7 인터넷, 스마트폰, 텔레비전 등 (   )를 이용하면 시간과 장소의 제한을 받지 않고 쉽고 편리하게 물건을 사고팔 수 있습니다.

7

8 여러 지역은 공연, 전시회, 운동 경기 등의 (기술 , 문화)을/를 교류하여 경제적 이익을 얻습니다.

8

우리 사회의 달라진 모습

18 일차

오늘날 우리가 살아가는 사회는 빠르게 변화하고 있고, 사람들의 일상생활 모습도 달라지고 있습니다.

1. 우리 사회의 변화
- 태어나는 아이의 수는 줄어들고, 노인 인구는 많아지고 있습니다.
- 인터넷과 스마트폰 등이 발달하고, 세계 여러 나라와 활발하게 교류하고 있습니다.

2. 사회 변화의 모습
- 학생 수와 학급 수가 줄어드는 학교가 늘고 있습니다.
- 할아버지와 할머니를 위한 요양원, 노인정 등이 많이 생겼습니다.
- 일하는 노인이 늘어났습니다.
- 인터넷이나 스마트폰을 이용해 물건을 사거나 정보를 얻을 수 있습니다.
- 다양한 나라의 음식을 파는 가게가 많아졌습니다.

1 사회 변화

옛날과 달라진 오늘날의 생활 모습

옛날에는 교실에 학생이 많았어. 텔레비전이 없었고, 피아노가 아닌 풍금이라는 악기를 연주했지.

오늘날 교실은 학생 수가 줄어들었고 텔레비전과 전자 피아노를 사용하고 있네.

시간이 흐르면서 *사회 변화가 일어났기 때문에 우리의 일상생활도 달라지고 있어.

*사회 변화: 한 사회의 여러 분야에서 이미 있어 온 것들이 새롭게 바뀌고 사람들의 생활 모습이 달라지는 것

옛날 초등학생의 일기

1980년 11월 21일

아침에 언니와 동생들을 깨워 학교에 갈 준비를 부랴 부랴 마치고 함께 학교에 갔다. 우리 반은 60명인데 오늘 교실에 첫 번째로 도착했다. 3교시는 사회 수업이 었는데, 선생님께서 수업 마무리 시간에 칠판에 내용 정리를 해 주셔서 내용을 이해하기 쉬웠다. 학교 수업 을 마친 후에는 친구들과 함께 떡볶이를 먹으러 갔다. 매콤한 고추장이 들어간 떡볶이는 내가 가장 좋아하는 음식이다.

요즈음 초등학생의 일기

2020년 △△월 □□일

아침에 세수를 한 후 아침을 먹고 학교에 갔다. 우리 반은 21명인데 오늘 교실에 첫 번째로 도 착했다. 3교시 사회 수업 시간에는 선생님께서 컴퓨터를 이용해 동영상을 보여 주셔서 모습을 직접 보는 것처럼 생생했다. 저녁에는 피자를 먹 으러 갔다. 피자는 원래 외국에서 온 음식이라는 데 외국에 나가지 않고도 손쉽게 먹을 수 있어 서 좋았다.

두 일기에서 달라진 생활 모습 찾기

• 학급 학생 수가 60명에서 21명으로 줄어들었습니다.
• 옛날에는 주로 칠판을 이용해 수업을 했는데, 오늘날에는 컴퓨터를 이용해 수업을 합니다.
• 옛날과 달리 오늘날에는 외국에서 온 음식을 쉽게 먹을 수 있습니다.

우리 사회의 변화

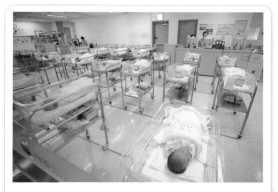

태어나는 아이의 수는 줄어들고, 노인 인구 는 많아지고 있습니다.

인터넷과 스마트폰 등 정보 통신 기술이 발전하면서 생활이 편리해졌습니다.

교통과 통신의 발달로 세계 여러 나라와의 교류가 활발해졌습니다.

우리 사회가 빠르게 변화하면서 사람들의 생활 모습은 더욱 다양해지고 있어.

② 사회 변화로 달라진 생활 모습

학생 수나 학급 수가 줄어드는 학교가 늘고 있습니다.

사회 변화는 오늘날 점점 빠르게 일어나고 있고, 우리 생활 곳곳에서 변화된 모습을 찾아볼 수 있어.

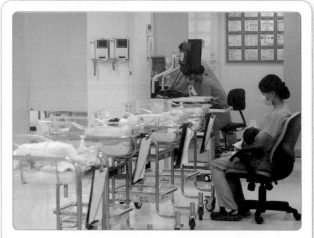

출산을 도와주는 병원이 줄어들었습니다.

노인 인구가 많아지면서 생겨난 변화

노인 전문 병원, *요양원, *노인정 등이 많이 생겼습니다.

*요양원: 편안히 쉬면서 병을 치료하는 시설
*노인정: 노인들이 모여 쉴 수 있도록 마련해 놓은 정자나 집

옛날에 비해 할아버지, 할머니를 위한 시설이 많아졌어.

일하는 노인들이 늘어났습니다.

인터넷과 스마트폰 등이 발달하면서 생겨난 변화

인터넷이나 스마트폰을 이용해 언제 어디서나 물건을 사고 정보를 얻을 수 있습니다.

오늘날에는 지식과 정보를 활용할 수 있는 기술이 크게 발전했어.

버스 도착 시간을 알려 주는 기계가 생겨 생활이 편리해졌습니다.

나라 간 교류가 늘면서 생겨난 변화

다양한 나라의 음식을 파는 가게가 많아져서 외국 음식을 손쉽게 먹을 수 있게 되었습니다.

오늘날에는 여러 나라 사람들이 우리나라에 많이 오고 있어.

안내판에서 세계 여러 나라의 언어를 찾을 수 있습니다.

개념 정리하기

1. **사회 변화**: 한 사회의 여러 분야에서 이미 있어 온 것들이 새롭게 바뀌고 사람들의 생활 모습이 달라지는 것을 말합니다.
   예 옛날에는 교실에 학생이 많고 텔레비전이 없었지만, 오늘날에는 교실에 학생 수가 줄어들었고 텔레비전을 사용하고 있습니다.

2. **우리 사회의 변화**
   ① 태어나는 아이의 수는 줄어들고, 노인 인구는 많아지고 있습니다.
   ② 인터넷과 스마트폰 등 정보 통신 기술이 발전하면서 생활이 편리해졌습니다.
   ③ 교통과 통신의 발달로 세계 여러 나라와의 교류가 활발해졌습니다.

3. **사회 변화로 달라진 생활 모습**

변화가 생긴 까닭	달라진 점
태어나는 아이 수의 감소	• 학생 수나 학급 수가 줄어드는 학교가 늘고 있습니다. • 출산을 도와주는 병원이 줄어들었습니다.
노인 인구의 증가	• 노인 전문 병원, 요양원, 노인정 등 할아버지와 할머니를 위한 시설이 많이 생겼습니다. • 일하는 노인들이 늘어났습니다.
인터넷과 스마트폰의 발달	• 인터넷이나 스마트폰을 이용해 언제 어디서나 물건을 사고 정보를 얻을 수 있습니다. • 버스 도착 시간을 알려 주는 기계가 생겨 생활이 편리해졌습니다.
나라 간 교류 증가	• 다양한 나라의 음식을 파는 가게가 많아져서 외국 음식을 손쉽게 먹을 수 있게 되었습니다. • 안내판에서 세계 여러 나라의 언어를 찾을 수 있습니다.

   ↳ • 우리 사회가 빠르게 변화하면서 사람들의 생활 모습도 다양해지고 있습니다.
     • 사회 변화는 다양한 분야에서 나타납니다.

초성 퀴즈 다음 초성을 보고, 핵심 단어를 위에서 찾아 써 봅시다. | 정답과 해설 11쪽

1 오늘날 ㄴ ㅇ 인구가 많아지면서 노인 전문 병원, 요양원, 노인정 등이 많이 생겼습니다.

2 지식과 ㅈ ㅂ 를 활용할 수 있는 기술이 발전하면서 인터넷이나 스마트폰을 이용해 언제 어디서나 물건을 사고 정보를 얻을 수 있게 되었습니다.

문제로 확인하기

1 다음 ☐ 안에 들어갈 알맞은 말을 쓰시오.

> ☐란 한 사회의 여러 분야에서 이미 있어 온 것들이 새롭게 바뀌고 사람들의 생활 모습이 달라지는 것을 말합니다.

(   )

2 옛날 교실의 특징을 바르게 설명한 어린이는 누구인지 쓰시오.

> 교실에 텔레비전이 있었습니다.
>
> 재윤

> 오늘날보다 학급당 학생 수가 많았습니다.
>
> 정은

> 음악 시간에 전자 피아노를 사용했습니다.
>
> 하윤

(   )

3 사회 변화가 일어난 까닭으로 알맞지 <u>않은</u> 것은 어느 것입니까? (   )

① 교통이 발달하였기 때문에
② 노인 인구가 늘어났기 때문에
③ 정보 통신 기술이 발전하였기 때문에
④ 태어나는 아이 수가 줄어들었기 때문에
⑤ 다른 나라와의 교류가 줄어들었기 때문에

4 오늘날 사회 변화로 달라진 생활 모습으로 알맞은 것은 어느 것입니까? (   )

① 학교의 학급 수가 점점 늘어나고 있다.
② 안내판에서 한 나라의 언어만 찾을 수 있다.
③ 노인 전문 병원, 요양원 등이 줄어들고 있다.
④ 인터넷을 이용해 언제 어디서나 정보를 얻을 수 있다.
⑤ 다른 나라의 음식을 파는 가게가 없어서 다양한 음식을 맛볼 수 없다.

오늘의 핵심

❶ 오늘날 사회는 인터넷과 스마트폰 등이 발달하고, 세계 여러 나라와 활발하게 교류하고 있습니다. (O , X)

❷ 태어나는 아이의 수가 (늘어났기 , 줄어들었기) 때문에 학교의 학급 수가 줄고, 출산을 도와주는 병원이 줄어들었습니다.

저출산·고령화로 달라진 생활 모습

19 일차

우리 사회에 저출산·고령화 현상이 나타나면서 가정, 교육, 의료, 산업 등 여러 분야에서 변화가 일어나고 있습니다.

구분	저출산	고령화
의미	태어나는 아이의 수가 줄어드는 현상을 말합니다.	전체 인구 중에 노인 인구가 차지하는 비율이 높아지는 현상을 말합니다.
변화하는 생활 모습	• 출산을 도와주는 병원이 줄어들었습니다. • 가족 구성원 수가 줄고, 다양한 가족 형태가 늘어났습니다. • 학급당 학생 수가 줄어들고 있습니다. • 임산부에게 도움이 되는 정책이 늘어나고 있습니다.	• 노인 전문 시설이 늘어나고 있습니다. • 일하는 노인이 늘어나고 있습니다. • 노인을 대상으로 하는 여러 산업이 발달하고 있습니다. • 노인을 돕는 복지 제도를 마련하고 있습니다.

① 저출산으로 변화하는 생활 모습

저출산의 의미

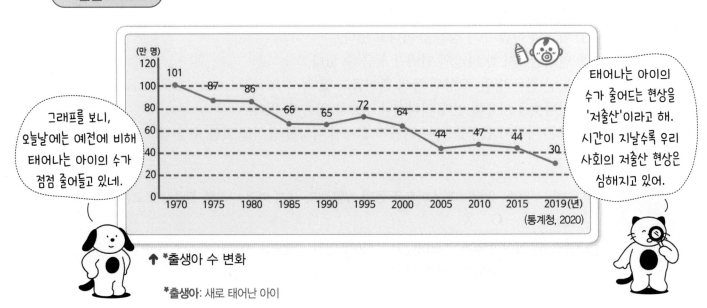

그래프를 보니, 오늘날에는 예전에 비해 태어나는 아이의 수가 점점 줄어들고 있네.

태어나는 아이의 수가 줄어드는 현상을 '저출산'이라고 해. 시간이 지날수록 우리 사회의 저출산 현상은 심해지고 있어.

↑ *출생아 수 변화

*출생아: 새로 태어난 아이

저출산으로 달라진 생활 모습

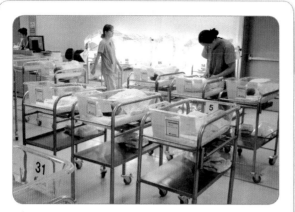

신생아 수가 줄어 출산을 도와주는 병원이 줄어들었습니다.

어느 지역은 아이를 낳을 수 있는 병원이 하나도 없어서 아이를 낳으러 다른 지역에 가는 임산부도 있다고 해.

입학생 없어 문 닫는 초등학교 잇달아

저출산 현상이 심해지면서 학생 수가 빠르게 줄고 있다. 학급 수가 줄어드는 학교가 늘고 있으며, 입학하는 학생이 없어서 문을 닫는 초등학교도 잇달아 나타나고 있다.

학급당 학생 수가 줄어들고 있으며, 문을 닫는 학교도 생기고 있습니다.

가족 구성원 수가 줄고, 다양한 가족 형태가 늘어났습니다.

임산부가 지하철을 이용할 때 먼저 배려 받을 수 있도록 만든 임산부 배려석이야.

*임산부에게 도움이 되는 정책이 늘어나고 있습니다.

*임산부: 아이를 배거나 아이를 갓 낳은 여자를 아울러 이르는 말

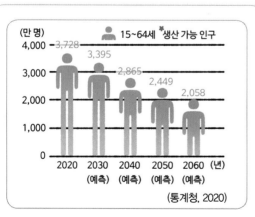

아이들이 어른이 됐을 때에는 일할 사람이 지금보다 줄어들 수 있어.

일할 사람이 줄어들면 우리나라의 경제 성장에도 걸림돌이 될 수 있습니다.

*생산 가능 인구: 경제활동을 할 수 있는 사람

우리 사회에서 저출산 현상이 나타나는 원인은 무엇일까요?
• 자녀 *양육에 대한 부담이 있기 때문입니다.
• 결혼과 출산에 대한 가치관이 변하였기 때문입니다.

*양육: 아이를 보살펴서 자라게 함.

② 고령화로 변화하는 생활 모습

고령화의 의미

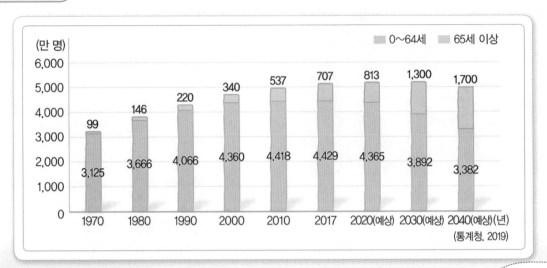

↑ 노인 인구 비율 변화

노인 인구는 늘어나는데 아이의 수는 줄어들면서, 전체 인구 중에 노인이 차지하는 비율이 높아지는 고령화 현상이 나타나고 있습니다.

> 의료 기술이 발달하고 생활 수준이 높아져 사람들이 오래 살 수 있게 되면서 고령화 현상이 나타나.

고령화로 달라진 생활 모습

노인 전문 병원이나 노인 요양원 등 노인을 위한 전문 시설이 많아졌습니다.

노인 복지관이 늘어나고, 노인들이 취미나 여가 활동을 즐기는 일도 많아졌습니다.

○○ 씨는 직장에서 은퇴한 후, 한 음식점에서 17년간 일을 하고 있다. △△ 씨는 어린이집에서 동화를 읽어 주는 봉사 활동을 하고 있다. 이처럼 봉사 활동을 하거나 직업을 가지고 계속 일을 하는 노인이 늘어나고 있다.

– 이데일리, 2020. 10. 9.

일자리를 구하고 경제활동을 계속하려는 노인들이 많아졌습니다. 노인들의 사회 활동도 점점 활발해지고 있습니다.

할아버지, 할머니들을 대상으로 하여 제품을 만들거나 서비스를 제공하는 다양한 산업이 발달하고 있습니다.

노인의 건강과 관련된 의료 기기나 운동 기구, 노인의 생활을 편리하게 해 주는 제품들이 늘어나고 있어.

노인들이 안정적으로 생활할 수 있도록 소득 지원을 늘리는 제도를 시행하고 있습니다.

우리 사회는 앞으로 저출산·고령화 현상이 더 심해질 것으로 예상되고 있어.

개념 정리하기

1. 저출산의 의미와 원인

① 저출산의 의미: 태어나는 아이의 수가 줄어드는 현상을 말합니다.
② 저출산 현상이 나타난 까닭: 자녀 양육에 대한 부담과 결혼·출산에 대한 가치관 변화 등 여러 가지 원인이 작용하였기 때문입니다.

2. 저출산으로 변화하는 생활 모습

① 신생아 수가 줄어 출산을 도와주는 병원이 줄어들었습니다.
② 학급당 학생 수가 줄어들고 있으며, 문을 닫는 학교도 생기고 있습니다.
③ 가족 구성원 수가 줄고, 다양한 가족 형태가 늘어났습니다.
④ 임산부에게 도움이 되는 정책이 늘어나고 있습니다.
⑤ 일할 사람이 줄어들어 경제활동에 영향을 미칠 수 있습니다.

3. 고령화의 의미와 원인

① 고령화의 의미: 전체 인구 중에 노인 인구가 차지하는 비율이 높아지는 현상을 말합니다.
② 고령화 현상이 나타난 까닭: 의료 기술이 발달하고 생활 수준이 높아져 사람들이 오래 살 수 있게 되었기 때문입니다.

4. 고령화로 변화하는 생활 모습

① 노인 전문 병원, 요양원, 노인 복지관 등과 같은 노인을 위한 전문 시설이 많아졌습니다.
② 일자리를 구하고 경제활동을 계속하려는 노인들이 많아졌습니다.
③ 노인들의 사회 활동이 점점 활발해지고 있습니다.
④ 할아버지, 할머니들을 대상으로 하여 제품을 만들거나 서비스를 제공하는 다양한 산업이 발달하고 있습니다.
⑤ 노인들이 안정적으로 생활할 수 있도록 소득 지원을 늘리는 제도를 시행하고 있습니다.

5. 저출산·고령화 현상의 예측: 우리 사회에서 저출산·고령화 현상은 더욱 심해질 것으로 예상됩니다.

초성 퀴즈 다음 초성을 보고, 핵심 단어를 위에서 찾아 써 봅시다.

정답과 해설 11쪽

1 태어나는 아이의 수가 줄어드는 현상을 | ㅈ | ㅊ | ㅅ | 이라고 합니다.

2 오늘날에는 전체 인구 중에 | ㄴ | ㅇ | 인구가 차지하는 비율이 높아지는 고령화 현상이 나타나고 있습니다.

문제로 확인하기

| 정답과 해설 11쪽

1 다음 그래프를 통해 알 수 있는 저출산의 영향으로 알맞은 것은 어느 것입니까?
( )

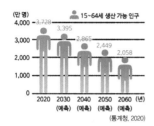

(만 명)
4,000 ─ 3,728
3,000 ── 3,395
2,865
2,000 ── 2,449
1,000 ── 2,058
0
2020 2030 2040 2050 2060 (년)
(예측)(예측)(예측)(예측)
(통계청, 2020)

👤 15~64세 생산 가능 인구

① 일할 사람이 줄어들 수 있다.
② 일하는 노인이 늘어나고 있다.
③ 노인 전문 시설이 늘어나고 있다.
④ 학급당 학생 수가 늘어나고 있다.
⑤ 노인을 대상으로 하는 산업이 발달하고 있다.

2 다음 보기 에서 저출산으로 달라진 생활 모습으로 알맞은 것을 모두 골라 기호를 쓰시오.

보기
㉠ 가족 구성원 수가 줄고, 다양한 가족 형태가 늘어났다.
㉡ 노인들을 대상으로 하여 제품을 만드는 산업이 발달하고 있다.
㉢ 학급당 학생 수가 줄어들고 있으며, 문을 닫는 학교도 생기고 있다.

( )

3 다음 ☐ 안에 들어갈 알맞은 말을 쓰시오.

☐ 란 전체 인구 중에 노인 인구가 차지하는 비율이 높아지는 현상을 말합니다.

( )

4 고령화로 나타난 일상생활의 변화로 알맞은 것을 **두 가지** 고르시오. (,)

① 가족의 구성원 수가 줄어들고 있다.
② 출산을 도와주는 병원이 줄어들었다.
③ 노인을 위한 전문 시설이 늘어나고 있다.
④ 노인을 대상으로 하는 산업이 발달하고 있다.
⑤ 임산부에게 도움이 되는 정책이 늘어나고 있다.

오늘의 핵심

❶ 태어나는 아이의 수가 줄어드는 현상을 무엇이라고 합니까? 답

❷ 오늘날에는 태어나는 아이의 수가 점점 (늘어나고 · 줄어들고) 있으며, 전체 인구에서 노인 인구가 차지하는 비율은 점점 (낮아지고 · 높아지고) 있습니다.

저출산·고령화에 대한 대응

저출산·고령화로 나타난 사회 변화에 대응하려면 개인과 사회가 함께 노력해야 합니다.

1. 저출산·고령화의 영향

- 일을 할 수 있는 사람의 수가 줄어들어 나라 경제가 어려워질 수 있습니다.
- 노인의 경제적 어려움, 질병, 외로움 등 여러 가지 문제가 나타날 수 있습니다.
- 노인을 위한 사회 보장 제도를 유지하는 비용이 증가할 수 있습니다.

2. 저출산·고령화 현상에 대한 대응

저출산 현상에 대한 대응	고령화 현상에 대한 대응
• 부모가 아이와 함께하는 시간을 늘릴 수 있도록 지원합니다. • 아이들이 안전한 환경에서 자랄 수 있도록 시설과 서비스를 마련합니다. • 보육 시설을 늘립니다. • 출산비와 양육비를 지원합니다.	• 노인을 위한 일자리를 마련하여 경제활동을 할 수 있게 도와줍니다. • 기초 연금, 의료 서비스, 요양 서비스, 돌봄 서비스 등을 마련하여 노인들이 건강하고 안정적인 생활을 할 수 있도록 지원합니다.

1 저출산·고령화의 영향

② 저출산 현상에 대응하기 위한 노력

출신 휴가, *육아 휴직 등을 통해 부모가 아이와 함께하는 시간을 늘릴 수 있도록 지원합니다.

*육아 휴직: 만 8세 이하 또는 초등학교 2학년 이하의 자녀가 있는 근로자가 자녀 1명당 최대 1년 동안 일을 쉴 수 있는 제도

저출산으로 나타난 변화에 대응하려면 부모가 걱정 없이 아이를 낳아 키울 수 있는 환경을 만들어야 해.

아이들이 안전한 환경에서 자랄 수 있도록 다양한 시설과 서비스를 마련합니다.

보육 시설을 늘리고, 돌봄 서비스를 다양한 유형으로 제공합니다.

부모가 일하는 동안 아이가 안전하게 지낼 수 있는 시설을 제공하고 있어.

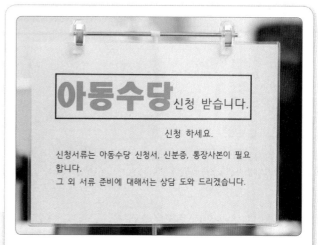

나라에서는 다자녀 가구에 장학금을 주거나, 전기·가스·수도·철도 요금을 할인해 주는 등 더 큰 혜택을 주고 있어.

출산 장려금, 아동 수당 등 출산비와 양육비를 지원합니다.

③ 고령화 현상에 대응하기 위한 노력

노인에게 적절한 일자리를 마련하여 경제활동을 할 수 있게 도와줍니다.

일자리 제공을 통해 노인들이 다양한 방식으로 사회 참여 기회를 얻을 수 있어.

고령화로 나타난 변화에 대응하려면 노인이 건강하고 안정적인 생활을 할 수 있도록 지원해야 해.

노인들에게 기초 연금을 지원하는 정책을 통해 노인들의 생활비 부담을 덜어 줍니다.

노인 돌봄 서비스를 통해 몸이 아프거나 도움이 필요한 노인을 보살펴 줍니다.

노인의 건강을 정기적으로 관리하는 서비스를 늘립니다.

노인들의 여가 활동을 지원하는 제도를 운영합니다.

4 저출산·고령화 현상에 대응하기 위해 필요한 태도

현수: 저출산·고령화에 대비하려면 어떻게 해야 할까?

나래: 문제 해결에 필요한 제도를 마련하여 다양한 지원을 해 주어야 해.

준호: 그리고 모든 세대가 행복한 사회가 될 수 있도록 서로 배려하는 마음가짐도 필요해.

가영: 맞아, 그러기 위해서는 세대 간에 서로 소통하고 배려하려는 태도를 가져야 해.

저출산·고령화는 사회 구성원 모두에게 영향을 미치는 문제이므로, 사회와 개인이 모두 노력해야 해.

저출산 현상에 대응하기 위해서 아이를 기르는 책임이 남자와 여자 어느 한쪽에 있다고 생각하지 않고, 남녀 모두에게 있다는 생각을 가져야 합니다.

저출산·고령화에 대비하려면 모든 세대가 함께 행복한 사회가 될 수 있도록 *세대 간에 서로 소통하고 배려하는 태도를 길러야 합니다.
*세대: 비슷한 나이층의 사람들을 말함.

고령화 현상에 대응하여 자신의 *노후 생활을 미리 준비해야 합니다.
*노후: 늙은 뒤

저축   취미 생활

저출산·고령화에 대한 대응

개념 정리하기

1. 저출산·고령화의 영향

① 일을 할 수 있는 사람의 수가 줄어들어 나라 경제가 어려워질 수 있습니다.
② 노인의 경제적 어려움, 질병, 외로움 등 여러 가지 문제가 나타날 수 있습니다.
③ 노인을 위한 사회 보장 제도를 유지하는 비용이 증가할 수 있습니다.

2. 저출산 현상에 대응하기 위한 노력

목적	부모가 걱정 없이 아이를 낳아 키울 수 있는 환경을 만들기 위해 노력합니다.
대응 노력	• 출산 휴가, 육아 휴직 등을 통해 부모가 아이와 함께하는 시간을 늘릴 수 있도록 지원합니다. • 아이들이 안전한 환경에서 자랄 수 있도록 다양한 시설과 서비스를 마련합니다. • 보육 시설을 늘리고 돌봄 서비스를 다양한 유형으로 제공합니다. • 출산 장려금, 아동 수당 등 출산비와 양육비를 지원합니다.

3. 고령화 현상에 대응하기 위한 노력

목적	노인이 건강하고 안정적인 생활을 할 수 있도록 지원합니다.
대응 노력	• 노인에게 적절한 일자리를 마련하여 경제활동을 할 수 있게 도와줍니다. • 노인들에게 기초 연금을 지원하는 정책을 통해 노인들의 생활비 부담을 덜어 줍니다. • 노인 돌봄 서비스를 통해 몸이 아프거나 도움이 필요한 노인을 보살펴 줍니다. • 노인의 건강을 정기적으로 관리하는 서비스를 늘립니다. • 노인들의 여가 활동을 지원하는 제도를 운영합니다.

4. 저출산·고령화 현상에 대응하기 위해 필요한 태도

① 아이를 기르는 책임이 남녀 모두에게 있다는 생각을 가져야 합니다.
② 자신의 노후 생활을 미리 준비합니다.
③ 세대 간에 서로 소통하고 배려하는 태도를 길러야 합니다.

초성 퀴즈 다음 초성을 보고, 핵심 단어를 위에서 찾아 써 봅시다.

| 정답과 해설 11쪽

1 저출산과 [ㄱ][ㄹ][ㅎ]가 계속되면 일을 할 수 있는 사람의 수가 줄어들어 나라 경제가 어려워질 수 있습니다.

2 저출산에 대응하기 위해 부모가 아이와 함께하는 시간을 늘릴 수 있도록 [ㅇ][ㅇ] 휴직을 제공합니다.

문제로 확인하기

| 정답과 해설 11쪽

1 저출산·고령화가 계속될 경우 나타날 수 있는 사회 문제로 알맞지 <u>않은</u> 것은 어느 것입니까? ( )

① 나라 경제가 어려워진다.　　　② 노인 질병 문제가 나타난다.

③ 일을 할 수 있는 사람이 줄어든다.　④ 출산을 도와주는 병원이 늘어난다.

⑤ 사회 보장 제도를 유지하는 비용이 증가한다.

2 저출산에 대응하기 위한 방법을 바르게 말한 어린이는 누구인지 쓰시오.

> • 승연: 출산비와 양육비를 지원합니다.
> • 우진: 노인 요양 병원과 같은 시설을 짓습니다.
> • 정안: 노인을 위한 일자리를 마련하고 직업 교육을 제공합니다.

( )

3 다음 ☐ 안에 들어갈 알맞은 말을 쓰시오.

> ☐ 로 나타난 변화에 대응하려면 노인에게 기초 연금 지원과 일자리 제공, 노인 돌봄 서비스 제공 등을 통해 노인이 건강하고 안정적인 생활을 할 수 있도록 지원해야 합니다.

( )

4 다음 보기 에서 저출산과 고령화에 대한 대응 방법을 골라 각각 기호를 쓰시오.

> **보기**
> ㉠ 기초 연금 지원　　　　㉡ 아동 수당 제공
> ㉢ 출산 휴가 확대　　　　㉣ 노인 돌봄 서비스 제공

(1) 저출산에 대응하기 위한 방법: ( )

(2) 고령화에 대응하기 위한 방법: ( )

오늘의 핵심

❶ (고령화 · 저출산)에 대응하기 위해 출산 휴가와 육아 휴직을 제공합니다.

❷ 저출산 현상에 대응하려면 아이를 기르는 책임이 (여성 · 남녀 모두)에게 있다는 생각을 가져야 합니다.

❸ 저출산·고령화에 대응하기 위해 세대 간에 서로 소통하고 배려하는 태도를 길러야 합니다. (○ · X)

정보화가 우리 생활에 미친 영향

정보화 사회가 되면서 사람들의 생활 모습은 더욱 빠르고 다양하게 변화하고 있습니다.

1. **정보화**: 지식과 정보가 중심이 되어 사회 변화를 이끄는 현상을 말합니다.

2. **정보화로 달라진 생활 모습**
   - 학교에서 디지털 교과서를 활용하여 편리하게 공부합니다.
   - 멀리 떨어진 곳에 있는 사람과 이야기를 나눌 수 있습니다.
   - 가게에 직접 가지 않아도 물건을 살 수 있습니다.

3. **정보화 사회의 문제점과 해결 노력**

문제점	해결 노력
개인 정보 유출	개인 정보가 새 나가지 않도록 관리하기
사이버 폭력	인터넷 공간에서 예의 지키기
저작권 침해	저작권자의 허락 없이 함부로 자료를 내려받지 않기
인터넷 및 스마트폰 중독	인터넷과 스마트폰의 사용 시간 정하기

① 정보화로 달라진 생활 모습

정보 통신 기술이 발달하면서 *정보화 사회로 변화하고 있어.

*정보화: 지식과 정보가 중심이 되어 사회 변화를 이끄는 현상

학교에서의 생활 모습

디지털 교과서를 활용하여 편리하게 공부합니다.

도서 대출 프로그램을 활용하여 대출 정보를 관리합니다.

과제에 필요한 자료를 인터넷에서 검색해서 찾습니다.

정보화 사회에서 사람들은 컴퓨터, 인터넷, 스마트폰 등을 이용하여 지식과 정보를 손쉽게 찾고 활용해.

일상에서의 생활 모습

멀리 떨어진 곳에 있는 사람과
이야기를 나눌 수
있습니다.

정보화 사회에서는
지식과 정보를 만들고
분석하며 활용하는 능력을
중요하게 생각해.

실시간으로 교통 정보를
확인하며 빠른 길로 갈 수
있습니다.

가게에 직접 가지 않아도
물건을 살 수
있습니다.

회사에 가지 않고 집에서
편리하게 일할 수
있습니다.

*가상 현실(VR) 기술을 이용해
직접 보기 어려운 것들을
생생하게 볼 수
있습니다.

*가상 현실(VR) 기술: 컴퓨터를 이용하여 가상
현실을 체험하게 해 주는 최첨단 기술

이 외에도 정보화로
사람들의 생활은 더욱
편리해지고 다양하게
변화하고 있어.

정보화에 따른 일상생활의 변화
• 세계 곳곳에서 일어나는 일들을 빠르게 알 수 있습니다.
• 스마트폰으로 오늘의 날씨를 검색할 수 있습니다.
• 은행에 직접 가지 않아도 은행 업무를 볼 수 있습니다.
• 스마트폰의 애플리케이션으로 집 안의 가전제품을 조종할 수
있습니다.

② 정보화 사회의 문제점과 해결 노력

정보화로 발생하는 문제점

내 비밀번호와 전화번호 등 개인 정보가 흘러 나간 것 같아.

개인 정보가 *유출되어 사생활을 침해하는 문제가 나타납니다.

*유출: 밖으로 흘러 나가거나 흘려 내보내는 것

최신노래 내려받기 ♪ 무료

다른 사람의 *저작물을 허락 없이 내려받아 *저작권을 침해하는 문제가 나타납니다.

*저작물: 사람의 생각, 감정, 아이디어 등의 창작물
*저작권: 창작물을 만든 사람이 창작물에 대해 갖는 권리

정보 기기를 활용하지 못하여 정보를 얻거나 활용할 때 어려움을 겪기도 합니다.

내 전화번호가 유출되어 이상한 광고 메시지가 많이 온 적이 있어.

사이버 폭력은 이를 당하는 사람에게 마음의 상처와 피해를 줄 수 있어.

인터넷 공간에 악성 댓글이 달리고 거짓 소문이 퍼지는 등 사이버 폭력이 나타납니다.

공부해야 하는데 게임이 하고 싶어.

인터넷과 스마트폰에 중독되면 공부하는 데 집중할 수 없고, 일상생활에서 친구들과 멀어질 수 있어.

인터넷, 스마트폰에 지나치게 의존하여 일상생활에서 문제가 생기기도 합니다.

정보화로 사람들의 생활은 편리해졌지만 여러 가지 문제도 발생하고 있구나.

정보화로 발생하는 문제의 해결 노력

비밀번호를 바꿔야겠다.

개인 정보를 보호하는 방법
• 비밀번호 주기적으로 바꾸기
• 개인 정보를 함부로 다른 사람에게 알려 주지 않기
• 컴퓨터 사용 후 로그아웃하기
• 출처가 명확하지 않은 자료 내려받지 않기

개인 정보가 새 나가지 않도록 조심하며 스스로 개인 정보를 보호하려고 노력합니다.

정보화에 따른 문제를 해결하지 않으면 많은 사람이 일상생활에서 피해를 보게 돼.

다른 사람의 창작물을 소중하게 생각해야 해.

저작권자의 허락 없이 프로그램, 글, 사진, 음악 등을 함부로 내려받지 않습니다.

인터넷 공간에서 대화할 때 예의를 지키고 상대방을 존중합니다.

6시까지 공부하고 스마트폰을 해야지!

인터넷과 스마트폰의 사용 시간을 정하고, 정해진 시간에만 사용합니다.

이렇게 하면 되는구나!

정보 기기 이용 방법과 관련된 교육을 받아 정보를 활용합니다.

사회에서는 사이버 범죄를 예방하기 위한 법과 제도를 정비하고, 관련 교육을 진행하는 노력이 필요해.

개념 정리하기

1. **정보화**: 지식과 정보가 중심이 되어 사회 변화를 이끄는 현상을 말합니다.

2. **정보화로 달라진 생활 모습**: 학교와 일상생활에서 정보와 지식을 활용합니다.

학교	• 디지털 교과서를 활용하여 편리하게 공부합니다. • 도서 대출 프로그램을 활용하여 대출 정보를 관리합니다. • 과제에 필요한 자료를 인터넷에서 검색해서 찾습니다.
일상생활	• 멀리 떨어진 곳에 있는 사람과 이야기를 나눌 수 있습니다. • 실시간으로 교통 정보를 확인하며 빠른 길로 갈 수 있습니다. • 가게에 직접 가지 않아도 물건을 살 수 있습니다. • 회사에 가지 않고 집에서 편리하게 일할 수 있습니다. • 인터넷에서 나에게 필요한 지식과 정보를 빠르게 찾을 수 있습니다. • 은행에 직접 가지 않아도 은행 업무를 볼 수 있습니다.

↳ 정보화로 사람들의 생활은 더욱 편리해지고 다양하게 변화하고 있습니다.

3. **정보화 사회의 문제점과 해결 노력**

문제점	해결 노력
개인 정보가 유출되어 사생활을 침해하는 문제가 나타납니다.	개인 정보가 새 나가지 않도록 조심하며 스스로 개인 정보를 보호하려고 노력합니다.
인터넷 공간에 악성 댓글이 달리고 거짓 소문이 퍼지는 등 사이버 폭력이 나타납니다.	인터넷 공간에서 대화할 때 예의를 지키고 상대방을 존중합니다.
다른 사람의 저작물을 불법으로 내려받아 저작권을 침해하는 문제가 나타납니다.	저작권자의 허락 없이 프로그램, 글, 사진, 음악 등을 함부로 내려받지 않습니다.
인터넷, 스마트폰에 지나치게 의존하여 일상생활에서 문제가 생기기도 합니다.	인터넷과 스마트폰의 사용 시간을 정하고, 정해진 시간에만 사용합니다.
정보 기기를 활용하지 못하여 정보를 얻거나 활용할 때 어려움을 겪기도 합니다.	정보 기기 이용 방법과 관련된 교육을 받아 정보를 활용합니다.

초성 퀴즈 다음 초성을 보고, 핵심 단어를 위에서 찾아 써 봅시다.

| 정답과 해설 12쪽

1 정보화란 지식과 [ㅈ] [ㅂ] 가 중심이 되어 사회 변화를 이끄는 현상을 말합니다.

2 정보화 사회에서 사람들은 [ㅇ] [ㅌ] [ㄴ] 으로 다양한 정보와 지식을 빠르게 찾습니다.

문제로 확인하기

| 정답과 해설 12쪽

1 정보화에 따라 달라진 생활 모습으로 알맞지 <u>않은</u> 것은 어느 것입니까? (　　　)

① 가게에 직접 가서 물건을 산다.　　　② 휴대 전화로 은행 업무를 본다.

③ 실시간으로 교통 정보를 얻는다.　　　④ 디지털 교과서를 보며 공부한다.

⑤ 인터넷에서 자료를 검색해 과제를 해결한다.

2 다음 ☐ 안에 공통으로 들어갈 알맞은 말을 쓰시오.

> ☐ 은 사람의 생각, 감정, 아이디어 등의 창작물로, 다른 사람의 ☐
> 을 허락 없이 내려받으면 저작권을 침해하는 문제가 발생합니다.

(　　　　　)

3 정보화 사회에서 나타나는 문제점으로 알맞은 것을 보기 에서 모두 골라 기호를 쓰시오.

> **보기**
>
> ㉠ 개인 정보가 유출되어 사생활을 침해한다.
> ㉡ 학교의 학생 수가 줄고 문을 닫는 학교가 많아진다.
> ㉢ 인터넷 공간에 악성 댓글이 달리고 거짓 소문이 퍼진다.

(　　　　　)

4 다음 그림에 나타난 정보화 사회의 문제를 해결하기 위한 노력을 바르게 말한 어린이는 누구인지 쓰시오.

공부해야 하는데 게임이 하고 싶어.

> • 상호: 스마트폰은 정해진 시간에만 사용합니다.
> • 석진: 개인 정보가 새 나가지 않도록 관리합니다.
> • 정연: 인터넷 공간에서 대화할 때 예의를 지킵니다.

(　　　　　)

오늘의 핵심

❶ 지식과 정보가 중심이 되어 사회 변화를 이끄는 현상을 무엇이라고 합니까?
(답 　　　　　)

❷ 정보화가 이루어지면서 (책 인터넷)을 활용해 자료 조사를 합니다.

❸ 정보화 사회의 문제점을 해결하기 위해서는 개인 정보를 다른 사람들에게 널리 알려야 합니다. (O · X)

세계화가 우리 생활에 미친 영향

오늘날 교통·통신 기술의 발달로 세계 여러 나라는 다양한 분야에서 서로 많은 영향을 주고받습니다.

1. **세계화**: 세계 여러 나라가 다양한 분야에서 서로 교류하고 영향을 주고받으며 가까워지는 현상을 말합니다.

2. **세계화가 우리 생활에 미친 영향**

긍정적 영향	부정적 영향
• 다른 나라에서 만든 물건이나 음식을 쉽게 살 수 있습니다. • 세계 여러 나라의 다양한 문화를 쉽게 접하고 체험할 수 있습니다.	• 서로 다른 문화를 이해하지 못해 갈등이 발생할 수 있습니다. • 지역의 고유문화가 약해지고 전 세계의 문화가 비슷해지고 있습니다.

3. **세계화로 나타나는 문제에 대한 대응**
   • 다른 나라의 문화를 존중하는 한편, 우리 문화를 지키고 발전시킵니다.
   • 지구촌 문제에 관심을 갖는 세계 시민 의식이 필요합니다.

① 세계화의 의미

사람의 이동   물건의 이동   문화의 이동

2017 INDIA
K-POP
CONTEST

오늘날에는 사람, 상품, 서비스, 문화 등에서 *세계화 현상이 나타나고 있어.

*세계화: 세계 여러 나라가 다양한 분야에서 서로 교류하고 영향을 주고받으며 가까워지는 현상

교통과 통신이 발달하면서 사람, 물건, 문화 등의 국가 간 교류가 늘어났기 때문이지!

2 세계화가 우리 생활에 미친 영향

긍정적 영향

다른 나라에서 만든 물건이나 음식을 우리나라에서 쉽게 살 수 있습니다.

다른 나라에서 우리나라로 여행을 오거나 우리나라에서 해외여행을 가는 사람이 많습니다.

우리나라 운동 경기에서 외국인 선수가 뛰는 모습을 볼 수 있습니다.

세계화의 영향으로 세계 여러 나라의 다양한 문화를 쉽게 접하고 체험할 수 있어.

다른 나라 영화를 우리나라 영화관에서 쉽게 볼 수 있습니다.

우리나라 가수의 노래를 즐기는 외국인이 많아졌습니다.

세계화의 영향으로 우리 문화를 세계에 널리 알릴 수도 있지!

부정적 영향

서로 다른 문화를 이해하지 못해 갈등이 발생할 수 있습니다.

> 우리나라 길에 외국어로 쓰인 간판이 가득하네.

다른 나라의 문화만 따르고 우리 문화를 소홀히 여겨 전통문화가 잊힐 수 있습니다.

> 우리나라에서 한복을 입는 사람보다 청바지를 입는 사람을 쉽게 볼 수 있고, 세계 여러 나라에서도 청바지를 입은 사람들을 많이 볼 수 있어.

지역의 고유문화가 약해지고 전 세계의 문화가 비슷해지고 있습니다.

> 세계 여러 나라가 밀접하게 연결되어 있어서 다른 나라의 경제가 우리나라에 영향을 미치고 있지.

＊기후 변화 협약: 지구 온난화를 막기 위하여 온실가스의 방출을 규제하도록 한 국제 협약

경쟁에서 살아남을 수 있을까?

자동차 부품 회사들 사이에 경쟁이 치열해지고 있다. 다른 나라에서 만든 자동차 부품들이 가격도 싸고 품질도 좋아져 우리나라에서 만든 자동차 부품에 뒤지지 않기 때문이다. 우리나라 자동차 부품 회사들은 품질은 물론 가격까지 경쟁해야 해서 매우 어려운 상황이다.

－ 서울경제, 2019. 5. 1.

세계화로 경쟁이 치열해지면서 일부 기업이나 나라가 경쟁에서 뒤처지기도 합니다.

＊기후 변화 협약을 둘러싼 나라 간 대립

나라마다 생각이 달라서 갈등이 일어나기도 합니다.

③ 세계화로 나타나는 문제에 대한 대응

세계전통의상체험

다른 나라 문화를 이해하고 존중하려는
자세가 필요합니다.

다른 나라의 문화를
*비판적으로 받아들이는
태도도 필요해.

*비판: 현상이나 사물의 옳고 그름을 판단하여
밝히거나 잘못된 점을 지적하는 것

• 우리의 소중한 문화를 지키고
  발전시켜야 합니다.
• 우리의 전통문화를 세계화하기
  위해 노력해야 합니다.

기업이나 나라가 경쟁력을 높이려고
노력해야 합니다.

세계 시민 모두가
공동체 의식을 지니고, 나만의
이익이 아닌 모두의 이익을 위해
노력해야 해.

남극해를
펭귄에게
양보해 주세요

지구촌 문제에 관심을 갖는 세계 시민
의식이 필요합니다.

25th April World Penguin Day
일 세계 펭귄

개념 정리하기

1. 세계화

① 의미: 세계 여러 나라가 다양한 분야에서 서로 교류하고 영향을 주고받으며 가까워지는 현상을 말합니다.

② 세계화가 나타난 까닭: 교통·통신의 발달로 사람, 물건, 문화 등의 국가 간 교류가 늘어났기 때문입니다.

2. 세계화가 우리 생활에 미친 영향

긍정적 영향	• 다른 나라에서 만든 물건이나 음식을 우리나라에서 쉽게 살 수 있습니다. • 다른 나라 영화를 우리나라 영화관에서 쉽게 볼 수 있습니다. • 다른 나라에서 우리나라로 여행을 오거나 우리나라에서 해외여행을 가는 사람이 많습니다. • 우리나라 가수의 노래를 즐기는 외국인이 많아졌습니다. • 우리나라 운동 경기에서 외국인 선수가 뛰는 모습을 볼 수 있습니다.
부정적 영향	• 서로 다른 문화를 이해하지 못해 갈등이 발생할 수 있습니다. • 다른 나라의 문화만 따르고 우리 문화를 소홀히 여겨 전통문화가 잊힐 수 있습니다. • 지역의 고유문화가 약해지고 전 세계의 문화가 비슷해지고 있습니다. • 나라마다 생각이 달라서 갈등이 일어나기도 합니다. • 세계화로 경쟁이 치열해지면서 일부 기업이나 나라가 경쟁에서 뒤처지기도 합니다.

3. 세계화로 나타나는 문제에 대한 대응

① 다른 나라 문화를 이해하고 존중하려는 자세가 필요합니다.

② 우리의 소중한 문화를 지키고 발전시켜야 합니다.

③ 우리의 전통문화를 세계화하기 위해 노력해야 합니다.

④ 기업이나 나라가 경쟁력을 높이려고 노력해야 합니다.

⑤ 지구촌 문제에 관심을 갖는 세계 시민 의식이 필요합니다.

↳ 세계화 속에서 세계 시민 모두가 공동체 의식을 지니고 모두의 이익을 위해 노력해야 합니다.

초성 퀴즈 다음 초성을 보고, 핵심 단어를 위에서 찾아 써 봅시다.

| 정답과 해설 12쪽

1 ㄱ ㅌ 과 통신의 발달로 사람, 물건, 문화 등의 국가 간 교류가 늘어나면서 세계화가 나타났습니다.

2 세계화로 나타나는 문제를 해결하기 위해서는 지구촌 문제에 관심을 갖는 ㅅ ㄱ ㅅ ㅁ 의식이 필요합니다.

문제로 확인하기

| 정답과 해설 12쪽

1 다음 ☐ 안에 들어갈 알맞은 말을 쓰시오.

> 오늘날에는 세계 여러 나라가 가까워지는 현상인 ☐ 의 영향으로 세계 여러 나라의 다양한 문화를 쉽게 접하고 체험할 수 있습니다.

(   )

2 세계화에 대해 바르게 말한 어린이는 누구인지 쓰시오.

> • 창주: 사람과 물건은 교류하지만 문화는 교류하지 않습니다.
> • 석준: 교통과 통신의 발달로 국가 간 교류가 늘어나면서 생긴 현상입니다.

(   )

3 다음 보기 는 세계화가 우리 생활에 미치는 영향입니다. 이를 긍정적 영향과 부정적 영향으로 나누어 각각 기호를 쓰시오.

> **보기**
> ㉠ 전 세계의 문화가 비슷해지고 있다.
> ㉡ 서로 다른 문화를 이해하지 못해 갈등이 발생할 수 있다.
> ㉢ 다른 나라의 영화를 우리나라 영화관에서 쉽게 볼 수 있다.
> ㉣ 다른 나라에서 만든 물건이나 음식을 우리나라에서 쉽게 살 수 있다.

(1) 긍정적 영향: (   )　　　(2) 부정적 영향: (   )

4 세계화 속에서 우리가 지녀야 할 태도로 알맞은 것은 무엇입니까? (   )

① 지역의 고유문화는 사라지게 한다.
② 다른 나라의 문화는 받아들이지 않는다.
③ 다른 나라의 문화만이 최고라고 생각한다.
④ 우리의 소중한 문화를 지키고 발전시킨다.
⑤ 지구촌 문제는 다른 나라들이 해결하도록 내버려둔다.

오늘의 핵심

❶ 세계 여러 나라가 다양한 분야에서 서로 교류하고 영향을 주고받으며 가까워지는 현상을 무엇이라고 합니까? **답**

❷ 여러 나라의 문화를 쉽게 접할 수 있는 것은 세계화의 (긍정적 · 부정적) 영향입니다.

❸ 세계화로 다양한 문화가 만나게 되면서 문화 간 갈등이 발생하기도 합니다. (O · X)

일상생활에서 나타나는 다양한 문화

일차

23

오늘날에는 다양한 문화를 가진 사람들이 함께 어우러져 살아갑니다.

1. **문화**: 한 사회의 구성원들이 가지고 있는 공통의 생활 방식을 말합니다.

2. **문화의 특징**

  • 사람들이 주위 환경에 적응하고 이를 이용하는 과정에서 만들어 낸 것입니다.

  • 각 사회의 문화는 서로 비슷한 점도 있고 다른 점도 있습니다.

3. **우리 사회의 다양한 문화 모습**

  • 우리 사회의 문화는 지역, 나이, 성별 등에 따라 다양하게 나타납니다.

  • 오늘날 세계 여러 나라의 문화가 우리 사회로 들어오면서 우리가 누리고 선택할 수 있는 문화가 많아졌습니다.

  • 우리 사회에는 다양한 문화를 가진 사람들이 함께 어우러져 살게 되었습니다.

❶ 문화의 의미

우리나라에서는 밥을 먹을 때 숟가락과 젓가락을 많이 쓰고, 많은 사람들이 설날에 떡국을 먹어.

*양식: 오랜 시간이 지나면서 자연히 정하여진 방식

문화는 한 사회 안에서 살아가는 사람들이 지닌 공통의 생활 *양식을 말해.

우리나라에서는 많은 사람들이 방바닥이 따뜻한 집에서 살고, 우리 고유의 멋스러운 한옥에서 사는 사람도 적지 않아.

❷ 문화의 특징

모든 사회에서 의식주 생활을 한다는 공통점이 있지만, 지역별로 다른 모습도 찾을 수 있어.

⬆ 더운 지역에서 입는 옷

⬆ 추운 지역에서 입는 옷

더운 지역에서는 햇볕을 피하기 위해 모자를 쓰고 천으로 된 긴 옷을 입어. 추운 지역에서는 추위로부터 몸을 보호하려고 두꺼운 털옷을 입어.

주로 먹는 음식과 음식을 먹는 방법

문화는 사람들이 주위 환경에 적응하고 이를 이용하는 과정에서 만들어 냈기 때문에 지역에 따라 그 모습이 다양하게 나타나.

⬆ 숟가락과 젓가락을 사용하는 상차림

⬆ 포크와 나이프를 사용하는 상차림

⬆ 우리나라의 추석에 먹는 송편

⬆ 미국의 추수 감사절에 먹는 칠면조

사는 집

⬆ 물 위에 지은 집(수상 가옥)

⬆ 천막집(게르)

덥고 습한 지역에서는 더위와 습기를 피하기 위해 물 위에 집을 지어. 넓은 초원이 있는 지역에서는 이동하기 쉽게 천막으로 집을 지어.

③ 우리 사회의 다양한 문화 모습

지역에 따라 다양한 문화 모습

제주도에서는 돌하르방을 볼 수 있습니다.

지역별로 김치를 만드는 방법이 다릅니다.

나이에 따라 다양한 문화 모습

어르신들이 게이트볼 경기를 즐겨 합니다.

어린이들이 킥보드와 인라인 스케이트를 탑니다.

한 사회 안에서 살아가는 사람들 사이에도 지역, 나이, 성별 등에 따라 다양한 문화 모습이 나타나.

세계화와 함께 더욱 다양해진 문화 모습

*이주자: 다른 곳에서 옮겨 와서 사는 사람

*북한 이탈 주민: 북한에서 벗어나 다른 지역에 머물고 있는 사람들

오늘날 우리 사회에는 국제결혼 *이주자, 외국인 노동자, 유학생, *북한 이탈 주민이 함께 살고 있어.

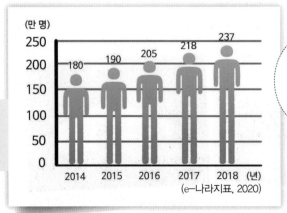

(만 명)

250
200
150
100
50
0

180   190   205   218   237

2014   2015   2016   2017   2018 (년)
(e-나라지표, 2020)

⬆ 우리나라에 머물고 있는 외국인 수

우리 사회에 피부색, 언어, 종교, 출신 지역 등이 다른 사람들이 점점 늘어나면서 우리는 이전보다 더 다양한 문화를 접하게 되었지.

세계화로 인해 점점
우리 사회에 다양한 문화가
확산하고 있구나!

인천 차이나타운

서울 이태원의 이슬람 사원

우리나라에는 외국인들이 자리를 잡고 모여 사는 마을이 많습니다. 이 중에느 우리나라에서 다른 나라의 문화를 그대로 느낄 수 있는 곳도 있습니다.

핼러윈을 즐기는 모습

다른 나라에서 들어온 기념일이나 축제를 즐기기도 합니다.

터키의 대표 음식인 케밥

세계의 다양한 음식을 파는 가게를 쉽게 찾을 수 있습니다.

외국인 노동자

다양한 문화적 배경을 가진 사람들이 함께 일하고, 공부하며 살아갑니다.

다양한 문화를 접하게 되면
우리가 누리고 선택할 수 있는
문화가 많아져 일상생활이
더욱 풍요로워지지.

개념 정리하기

1. 문화: 한 사회의 구성원들이 가지고 있는 공통의 생활 방식을 말합니다.

2. 문화의 특징

① 사람들이 주위 환경에 적응하고 이를 이용하는 과정에서 만들어 낸 것입니다.
② 각 사회의 문화는 서로 비슷한 점도 있고 다른 점도 있습니다.

의	↑ 더운 지역에서 입는 옷	↑ 추운 지역에서 입는 옷
식	↑ 숟가락과 젓가락 사용	↑ 포크와 나이프 사용
주	↑ 물 위에 지은 집	↑ 천막집

옷을 입고 음식을 먹으며 집을 지어 생활한다는 비슷한 점이 있습니다.

3. 우리 사회의 다양한 문화 모습

① 우리 사회의 문화는 지역, 나이, 성별 등에 따라 다양하게 나타납니다.
② 오늘날 세계 여러 나라의 문화가 우리 사회로 들어오면서 우리가 누리고 선택할 수 있는 문화가 많아졌습니다.
③ 우리 사회에는 다양한 문화를 가진 사람들이 함께 어우러져 살게 되었습니다.

초성 퀴즈 다음 초성을 보고 핵심 단어를 위에서 찾아 써 봅시다.

| 정답과 해설 12쪽

1 우리 사회의 문화는 ㅈ ㅇ , 나이, 성별 등에 따라 다양하게 나타납니다.

2 우리 사회에 언어, 출신 지역 등이 다른 사람들이 늘어나면서 이전보다 더 ㄷ ㅇ ㅎ 문화를 접하게 되었습니다.

1 다음 ☐ 안에 공통으로 들어갈 알맞은 말을 쓰시오.

> • ☐는 사람들이 주위 환경에 적응하고 이를 이용하는 과정에서 만들어 낸 것입니다.
> • 각 사회의 ☐는 서로 비슷한 점도 있고 다른 점도 있습니다.

(   )

2 더운 지역에 사는 사람들의 옷차림으로 알맞은 것의 기호를 쓰시오.

(가)   (나)

(   )

3 문화에 대한 설명으로 알맞은 것은 어느 것입니까? (   )

① 각 사회의 문화는 모두 비슷하다.
② 여러 나라의 문화는 공통점이 없다.
③ 사람들의 옷차림은 문화에 해당하지 않는다.
④ 우리 사회에 존재하는 문화는 다양하지 않다.
⑤ 지역, 나이, 성별 등에 따라 다양하게 나타난다.

4 오늘날 우리 사회에서 볼 수 있는 다양한 문화의 모습으로 알맞지 <u>않은</u> 것은 어느 것입니까? (   )

① 산과 강을 볼 수 있다.
② 제주도에서 돌하르방을 볼 수 있다.
③ 차이나타운에서 중국 문화를 엿볼 수 있다.
④ 이슬람 사원에서 예배를 드리는 사람들을 볼 수 있다.
⑤ 세계의 다양한 음식을 파는 가게를 쉽게 찾을 수 있다.

오늘의 핵심

❶ 한 사회의 구성원들이 지닌 공통의 생활 방식을 무엇이라고 합니까? 답☐

❷ 덥고 습한 지역의 사람들은 더위와 습기를 피하기 위해서 천으로 지은 · 물 위에 지은 집에서 생활합니다.

❸ 오늘날에는 한 사회 안에서 다양한 문화가 나타나게 되었습니다. (O · X)

24 일차 일상생활에서 나타나는 편견과 차별

우리 사회에 다양한 사람들이 함께 살아가면서 편견이나 차별 문제가 발생하기도 합니다.

1. 편견과 차별의 의미

편견	공정하지 못하고 한쪽으로 치우친 의견이나 생각을 말합니다.
차별	정당한 이유 없이 어떤 기준을 두어 대상을 구별하고 다르게 대우하는 일을 말합니다.

2. 우리 사회에서 볼 수 있는 편견과 차별

- 피부색, 언어, 종교, 출신 지역 등을 둘러싼 편견과 차별의 문제가 발생하고 있습니다.
- 장애, 성별, 나이, 외모 등을 이유로 차별받는 사람들이 있습니다.

3. 편견과 차별적 태도의 문제점

- 편견과 차별 때문에 마땅히 자신이 누려야 할 권리를 누리지 못하는 경우가 있습니다.
- 차별을 받는 사람들이 마음의 상처를 받을 수 있습니다.
- 차별받는 사람은 일상생활에 어려움을 느끼게 됩니다.
- 사회적으로 갈등이 나타나 사회 발전이 늦어질 수 있습니다.
- 사람들이 어울려 살아가는 데 나쁜 영향을 미칩니다.

1 편견과 차별의 의미

편견은 공정하지 못하고 한쪽으로 치우친 의견이나 생각을 말해.

여자는 축구를 못할 것이라며, 축구하는 데 끼워 주지 않았습니다. 축구를 함께 하지 못해서 속이 상했습니다.

→ 편견: 여자는 축구를 못한다고 생각합니다.
→ 차별: 여자라는 이유로 축구에 끼워 주지 않았습니다.

저는 분홍색을 좋아해서 분홍색 물건이 많습니다. 그런데 어느 날 친구들이 남자가 분홍색을 좋아한다고 놀렸습니다.

→ 편견: 남자는 분홍색을 좋아하면 안 된다고 생각합니다.
→ 차별: 남자가 분홍색을 좋아한다는 이유로 친구를 놀렸습니다.

차별은 정당한 이유 없이 어떤 기준을 두어 다른 사람을 구별하고 다르게 대우하는 것을 말해. 편견은 차별로 이어질 수 있어.

② 우리 사회에서 볼 수 있는 편견과 차별

> 다양한 문화가 확산하면서 나타나는 편견과 차별

저기 빈자리에 앉아.

피부색이 달라서 어색해.

피부색에 대한 편견과 차별

- 상황: 피부색이 다른 사람을 꺼려 하고 있습니다.
- 상황이 일어난 까닭: 자신과 다른 피부색에 편견을 가지고 있기 때 문입니다.

우리 주변에서는 피부색, 언어, 종교, 출신 지역 등을 둘러싼 편견과 차별의 문제가 발생하고 있어.

사용하는 말이 우리랑 다르니까 친구가 될 수 없을 것 같아.

프리벳!

언어에 대한 편견과 차별

- 상황: 사용하는 말이 다른 학생을 멀리하려고 합니다.
- 상황이 일어난 까닭: 자신과 다른 언어를 사용하는 것을 존중하지 않기 때문입니다.

이슬람교를 믿는 여성들은 머리에 히잡이라는 수건을 쓰는 문화가 있어.

답답하지 않나? 저건 왜 두르고 다니는 거야?

옷차림에 대한 편견과 차별

- 상황: 특정 종교를 믿는 사람이 입은 옷이 자신과 다르다며 수군 거리거나 쳐다봅니다.
- 상황이 일어난 까닭: 다른 사람의 종교와 문화를 잘 알지 못하기 때 문입니다.

음식을 왜 손으로 먹지? 수저를 사용하면 깨끗할 텐데.

음식 먹는 모습에 대한 편견과 차별

- 상황: 손으로 음식을 먹는 문화를 지닌 사람의 먹는 모습을 이상하 다고 생각합니다.
- 상황이 일어난 까닭: 다른 나라의 식문화를 이해하지 못하기 때문 입니다.

장애, 성별, 나이, 외모 등을 이유로 나타나는 편견과 차별

장애에 대한 편견과 차별

휠체어를 탄 채 이용할 수 없어요.

표를 샀어요.

장애인이 자신이 원하는 곳에 갈 수 있는 권리를 제한받는 상황이야.

버스에 휠체어를 이용하는 장애인이 탈 수 있는 장치가 마련되어 있지 않아 장애인이 버스 이용에서 차별을 받고 있습니다.

일할 사람을 뽑을 때는 일과 관련한 기준을 적용해야 하는데 일과 관련이 없는 성별이나 나이, 외모 등이 기준이 되는 건 차별이야.

성별에 대한 편견과 차별

여자 직원이 우리 가게 일에 더 적합해요.

남자 직원이 아니면 일할 수 없어요.

성별을 이유로 직업을 구할 때 차별을 받고 있습니다.

나이에 대한 편견과 차별

사람을 뽑을 때 나이 제한을 두어 나이가 많은 사람이 취업에 어려움을 겪습니다.

외모에 대한 편견과 차별

일할 사람을 구할 때 외모를 채용 기준으로 제시하고 있습니다.

임산부에 대한 편견과 차별

임산부는 곤란해요

임산부가 직업을 구할 때 차별을 받고 있습니다.

편견과 차별이 지속될 때의 문제점

편견과 차별 때문에 마땅히 자신이 누려야 할 권리를 누리지 못하는 사람들이 생깁니다.

차별을 받는 사람들이 마음의 상처를 받을 수 있습니다.

차별받는 사람은 일상생활에 어려움을 느끼게 됩니다.

사람들이 자신의 능력을 잘 발휘할 수 없게 됩니다.

사람들이 어울려 살아가는 데 나쁜 영향을 미칩니다.

사회적으로 갈등이 나타나 사회 발전이 늦어질 수 있습니다.

편견을 가지고 차별하면 서로 존중하고 어울려 살아갈 수 없어.

나의 모습 점검하기

편견과 차별적 태도 점검표

- [ ] 무거운 물건은 남자가 들어야 합니다.
- [ ] 외국 사람들은 모두 영어를 잘합니다.
- [ ] 외모가 뛰어난 친구가 공부도 잘합니다.
- [ ] 사람들의 성격은 지역에 따라 다릅니다.
- [ ] 비장애인은 장애인을 항상 도와줘야 합니다.
- [ ] 예쁘게 꾸미는 일은 여자들만 하는 것입니다.
- [ ] 여자는 얌전하고, 남자는 씩씩한 게 좋습니다.
- [ ] 나이가 많은 사람들과는 대화가 잘 되지 않습니다.
- [ ] 피부색이 나와 다른 사람은 무조건 도와줘야 합니다.
- [ ] 회의를 할 때는 공부를 잘하는 친구의 말을 들어야 합니다.
- [ ] 남자가 해야 할 일과 여자가 해야 할 일은 구분해야 합니다.

각 항목에 나의 태도를 표시하여 나를 점검해 보고, 편견과 차별적 태도를 고치려면 어떻게 해야 할지 생각해 보자.

개념 정리하기

1. 편견과 차별의 의미

편견	공정하지 못하고 한쪽으로 치우친 의견이나 생각을 말합니다.
차별	정당한 이유 없이 어떤 기준을 두어 대상을 구별하고 다르게 대우하는 일을 말합니다.

↳ 편견은 차별로 이어질 수 있습니다.

2. 다양한 문화가 확산하면서 나타나는 편견과 차별: 우리 주변에서는 피부색, 언어, 종교, 출신 지역 등을 둘러싼 편견과 차별의 문제가 발생합니다.

① 피부색이 다른 사람을 꺼려합니다.
② 사용하는 말이 다른 사람을 멀리합니다.
③ 특정 종교를 믿는 사람이 입는 옷이나 하는 행동에 대해 수군거립니다.
④ 손으로 음식을 먹는 문화를 지닌 사람이 손으로 음식을 먹는 모습을 보고 이상하다고 생각합니다.

3. 장애, 성별, 나이, 외모 등에 대한 편견과 차별

① 버스에 휠체어를 이용하는 장애인이 탈 수 있는 장치가 마련되어 있지 않습니다.
② 일할 사람을 뽑을 때 일과 관련이 없는 성별이나 나이, 외모 등이 기준이 됩니다.

4. 편견과 차별적 태도의 문제점

① 편견과 차별 때문에 마땅히 자신이 누려야 할 권리를 누리지 못하는 사람들이 생깁니다.
② 차별을 받는 사람들이 마음의 상처를 받을 수 있습니다.
③ 차별받는 사람은 일상생활에 어려움을 느끼게 됩니다.
④ 사람들이 자신의 능력을 잘 발휘할 수 없게 됩니다.
⑤ 사람들이 어울려 살아가는 데 나쁜 영향을 미칩니다.
⑥ 사회적으로 갈등이 나타나 사회 발전이 늦어질 수 있습니다.

초성 퀴즈 다음 초성을 보고, 핵심 단어를 위에서 찾아 써 봅시다.

| 정답과 해설 13쪽

1 공정하지 못하고 한쪽으로 치우친 의견이나 생각을 ㅍ ㄱ 이라고 합니다.

2 이슬람교를 믿는 여성들이 머리에 히잡이라는 수건을 쓴 것을 보고 수군거리는 것은 다른 사람의 ㅈ ㄱ 를 잘 알지 못하기 때문에 하는 행동입니다.

문제로 확인하기

| 정답과 해설 13쪽

1 다음 ☐ 안에 공통으로 들어갈 알맞은 말을 쓰시오.

> • ☐은 정당한 이유 없이 어떤 기준을 두어 대상을 구별하고 다르게 대우하는 일을 말합니다.
> • 편견은 ☐로 이어질 수 있습니다.

(   )

2 다음 그림에 나타난 편견과 차별의 대상으로 알맞은 것은 어느 것입니까? (   )

저기 빈자리에 앉아.

피부색이 달라서 어색해.

① 나이
② 성별
③ 장애
④ 종교
⑤ 피부색

3 편견과 차별적 태도를 가진 어린이는 누구인지 쓰시오.

 음식을 손으로 먹는 나라도 있어.   수진

 종교적 이유로 히잡을 쓰는 사람들이 있어.   혜진

 사용하는 말이 다른 아이랑은 친구가 될 수 없어.   경수

(   )

4 편견과 차별이 지속될 경우 나타날 수 있는 문제점으로 알맞지 <u>않은</u> 것은 어느 것입니까? (   )

① 사회적으로 갈등이 나타난다.
② 마음의 상처를 받는 사람이 생길 수 있다.
③ 사람들이 자신의 능력을 잘 발휘할 수 있게 된다.
④ 사람들이 어울려 살아가는 데 나쁜 영향을 미친다.
⑤ 자신이 누려야 할 권리를 누리지 못하는 사람들이 생길 수 있다.

오늘의 핵심

❶ 공정하지 못하고 한쪽으로 치우친 의견이나 생각을 무엇이라고 합니까? (답   )

❷ 버스에 휠체어를 이용하는 사람이 탈 수 있는 장치가 마련되지 않은 것은 (언어 · 장애)에 대한 편견과 차별입니다.

❸ 편견과 차별은 사람들이 어울려 살아가는 데 도움이 됩니다. (O · X)

편견과 차별을 해결하기 위한 노력

다양한 문화를 지닌 사람들이 함께 살아가는 우리 사회에서는 편견과 차별을 없애기 위해 노력하고 있습니다.

1. 편견과 차별을 없애기 위한 올바른 태도
- 서로 간의 차이를 인정하고 동등하게 대우해야 합니다.
- 상대방의 입장에서 생각해야 합니다.
- 서로 다른 문화를 이해하고 존중해야 합니다.

2. 편견과 차별을 없애기 위한 다양한 노력
- 편견과 차별을 없애기 위한 법을 만들고 관련 기관을 세웁니다.
- 편견과 차별 없이 능력을 발휘할 기회를 제공합니다.
- 누구나 편리하게 공공시설을 이용할 수 있도록 평등한 생활 환경을 만듭니다.
- 편견이나 차별적인 생각을 바꾸기 위한 교육을 하거나 홍보를 합니다.
- 다양한 문화를 이해하고 체험할 수 있는 자리를 마련합니다.

❶ 다양한 문화를 존중하기 위한 노력

편견과 차별의 뜻이 담긴 말을 바꾼 사례

피부색에 대한 편견을 가지고 특정한 색만 '살색'이라고 차별적으로 표현했어.

피부색 차별   나이 차별

살색 → 연주황 → 살구색

피부색은 다양한데 크레파스 색깔 중 특정 색깔을 살색으로 표시하는 것은 차별 행위라고 판단해 살색이 연주황으로 수정되었습니다. 이후 연주황은 어린이들이 이해하기 어려운 한자어라고 하여 연주황 대신 살구색으로 부르게 되었습니다.

나와 다른 사람을 편견 속에서 바라본다면 우리는 서로를 제대로 이해할 수 없어.

편견과 차별을 없애기 위한 올바른 태도

우리는 서로 다를 뿐 모두 친구예요.

각자의 차이를 이해하고 존중할 때 나도, 우리 문화도 존중받을 수 있어.

서로 간의 차이를 인정하고 모두 동등하게 대우해야 합니다. 장애, 피부색, 성별, 출신 지역에 상관없이 모두 함께 어울립니다.

좋아!

여자라고 축구하는 데 끼워 주지 않으면 속상할 거야.

우리 같이 축구하자!

상대방과 입장을 바꾸어 생각할 줄 알아야 해.

상대방의 입장에서 생각해야 합니다. 편견을 가지고 차별을 하면 차별을 받는 사람이 속상할 것이라고 생각하여 함께 어울립니다.

나는 종교적 이유로 이 고기는 못 먹어.

그렇구나. 그럼 다른 반찬을 더 먹을래?

다른 문화를 이해하고 존중하면 누구든지 자신이 지닌 문화를 자유롭게 누리며 살아갈 수 있어.

서로 다른 문화를 이해하고 존중해야 합니다. 함께 살아가기 위해서는 편견 없이 서로 다른 문화의 가치를 올바르게 이해해야 합니다.

국가 인권 위원회는 인권과 관련한 정책을 개선하는 업무를 수행하는 기관이야.

편견과 차별을 없애기 위한 법을 만들고 관련 기관을 세웁니다.

편견과 차별 없이 능력을 발휘할 기회를 제공합니다.

누구나 편리하게 공공시설을 이용할 수 있도록 평등한 생활 환경을 만듭니다.

편견이나 차별적인 생각을 바꾸기 위한 교육을 하거나 홍보를 합니다.

다양한 문화를 이해하고 체험할 수 있는 자리를 마련합니다.

우리 사회의 각 분야에서 여러 기관과 단체, *공동체들이 편견과 차별이 없는 사회를 만들고자 애쓰고 있어.

*공동체: 생활이나 행동 또는 목적을 같이하는 집단

2 편견과 차별의 해결 방안 토의하기

1 편견이나 차별 사례 찾아보기

직접 겪었거나 본 적이 있는 편견이나 차별의 사례를 찾아봅니다.

생김새로 놀림을 받는 친구가 있습니다.

남자가 분홍색을 좋아한다고 놀림을 받습니다.

축구부는 남자, 피구부는 여자만 모집합니다.

외국에서 온 친구의 복장을 보고 수군거립니다.

2 해결 방안 토의하기

각 사례별로 편견과 차별을 해결하기 위한 방안을 토의합니다.

3 학급 규칙 만들기

편견과 차별을 없애는 해결 방안을 골라 학급 규칙을 만들어 봅니다.

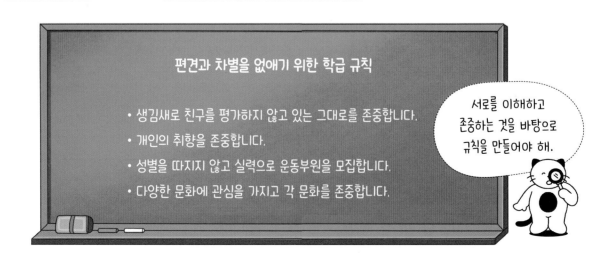

개념 정리하기

1. 편견과 차별을 없애기 위한 올바른 태도

① 서로 간의 차이를 인정하고 동등하게 대우해야 합니다.
② 상대방의 입장에서 생각해야 합니다.
③ 서로 다른 문화를 이해하고 존중해야 합니다.

2. 편견과 차별을 없애기 위한 다양한 노력

우리 사회의 각 분야에서 여러 기관과 단체, 공동체들이 편견과 차별이 없는 사회를 만들고자 애쓰고 있습니다.

⬇

- 차별을 없애기 위한 법을 만듭니다.
- 기관을 세워 편견과 차별을 없애려고 노력합니다.
  예 국가 인권 위원회, 다문화 가족 지원 센터 등
- 편견과 차별 없이 능력을 발휘할 기회를 제공합니다.
- 누구나 편리하게 공공시설을 이용할 수 있도록 평등한 생활 환경을 만듭니다.
- 편견이나 차별적인 생각을 바꾸기 위한 교육을 하거나 홍보를 합니다.
- 다양한 문화를 이해하고 체험할 수 있는 자리를 마련합니다.

3. 편견과 차별의 사례와 해결 방안

편견과 차별 사례	해결 방안
생김새로 놀림을 받는 친구가 있습니다.	생김새로 친구를 평가하지 않고 있는 그대로를 존중합니다.
남자가 분홍색을 좋아한다고 놀림을 받습니다.	개인의 취향을 존중합니다.
축구부는 남자, 피구부는 여자만 모집합니다.	성별을 따지지 않고 실력으로 운동부원을 모집합니다.
외국에서 온 친구의 복장을 보고 수군거립니다.	다양한 문화에 관심을 가지고 각 문화를 존중합니다.

초성 퀴즈 **다음 초성을 보고, 핵심 단어를 위에서 찾아 써 봅시다.** | 정답과 해설 13쪽

1 편견과 차별을 없애기 위해서는 서로 다른 문화를 이해하고 ㅈ ㅈ 해야 합니다.

2 남자가 분홍색을 좋아하면 안 된다는 생각은 ㅍ ㄱ 입니다.

문제로 확인하기

1 다음과 같이 크레파스 색깔이 변한 이유로 알맞은 것은 어느 것입니까? (   )

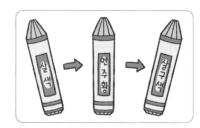

① 저출산에 대응하기 위해서
② 차별 행위를 없애기 위해서
③ 고령화 현상을 줄이기 위해서
④ 저작권 침해 문제를 해결하기 위해서
⑤ 스마트폰 중독 현상을 해결하기 위해서

2 서로 다른 문화를 이해하고 존중하는 모습이 나타난 상황의 기호를 쓰시오.

(가)

너는 종교적 이유로 이 고기를 못 먹으니 다른 반찬을 더 먹을래?

(나)

답답하지 않나? 저건 왜 두르고 다니는 거야?

(   )

3 편견과 차별을 없애기 위한 노력으로 알맞은 것은 어느 것입니까? (   )

① 축구는 남학생만 하게 한다.
② 장애인이 취업할 기회를 제한한다.
③ 사용하는 말이 다른 학생은 멀리한다.
④ 나와 다른 문화는 부정적으로 바라본다.
⑤ 다양한 문화를 체험할 수 있는 자리를 마련한다.

4 편견과 차별을 없애기 위한 학급 규칙을 바르게 말한 어린이는 누구인지 쓰시오.

> • 승호: 개인의 취향을 존중합니다.
> • 지혜: 운동부원을 모집할 때 성별을 따집니다.
> • 현석: 우리 문화를 기준으로 다른 문화를 평가합니다.

(   )

오늘의 핵심

❶ 학교에서 편견과 차별을 없애기 위해서는 (성별 · 실력)을 기준으로 운동부원을 모집해야 합니다.

❷ 오늘날 사회에서는 편견과 차별을 없애기 위한 법을 만들고 있습니다. (O · X)

단원을
마무리하자~

단원 평가

18일차~25일차

3. 사회 변화와 문화 다양성

| 정답과 해설 13쪽

1 사회 변화로 달라진 일상생활의 모습을 바르게 이야기한 어린이는 누구입니까? (   )

① 나라 사이의 교류가 줄어들고 있어.
윤아

② 노인들을 위한 시설이 줄어들고 있어.
소희

③ 생활 곳곳에서 인터넷이 사용되고 있어.
하준

④ 오늘날 학급당 학생 수가 옛날보다 많아졌어.
지민

2 저출산으로 변화하는 일상생활의 모습으로 알맞은 것은 어느 것입니까? (   )

① 학급당 학생 수가 늘어나고 있다.
② 가족 형태가 하나로 고정되고 있다.
③ 다른 나라에서 만든 물건을 쉽게 살 수 있다.
④ 은행에 직접 가지 않고 은행 업무를 볼 수 있다.
⑤ 임산부에게 도움이 되는 정책이 늘어나고 있다.

3 다음 빈칸에 들어갈 알맞은 사회 현상을 쓰시오.

> 우리 사회는 전체 인구 중에 노인 인구가 차지하는 비율이 높아지는 (   ) 현상이 심해지고 있습니다.

(   )

4 다음 그래프를 통해 알 수 있는 저출산의 문제점은 무엇인지 쓰시오.

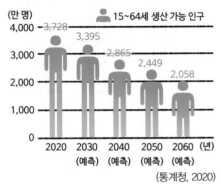

(만 명)
👤 15~64세 생산 가능 인구
4,000 — 3,728
3,395
2,865
2,449
2,058
3,000
2,000
1,000
0
2020 2030(예측) 2040(예측) 2050(예측) 2060(예측) (년)
(통계청, 2020)

_____

_____

5 저출산·고령화가 지속될 때 나타날 수 있는 모습으로 알맞은 것은 어느 것입니까? (   )

① 출산을 도와주는 병원이 많아진다.
② 노인을 위한 전문 시설이 줄어든다.
③ 노인을 대상으로 한 산업이 줄어든다.
④ 노인의 경제적 어려움, 외로움 문제가 나타난다.
⑤ 노인을 위한 사회 보장 제도를 유지하는 비용이 감소한다.

6 저출산·고령화에 대응하기 위한 방법으로 알맞지 않은 것은 어느 것입니까? (   )

① 보육 시설을 늘린다.
② 출산 휴가 제도를 확대한다.
③ 노인을 위한 일자리를 마련한다.
④ 노인들에게 기초 연금을 지원한다.
⑤ 여자에게만 아이를 기르는 책임을 맡긴다.

7 정보화로 달라지고 있는 일상생활의 모습으로 알맞지 <u>않은</u> 것은 어느 것입니까?　（　　）

① 실시간으로 교통 정보를 얻을 수 있다.
② 멀리 떨어진 사람과 이야기 나눌 수 있다.
③ 은행에 직접 가지 않고 은행 업무를 본다.
④ 할인 매장에 직접 가서 물건을 살 수 있다.
⑤ 인터넷으로 자료를 검색해 과제를 할 수 있다.

8~9 다음 그림을 보고 물음에 답하시오.

불법 사이트에서 무료로 노래를 내려받아야지.

8 위의 그림에 나타난 정보화 사회의 문제점은 무엇입니까?　（　　）

① 사이버 폭력　　② 저작권 침해
③ 스마트폰 중독　④ 개인 정보 유출
⑤ 악성 댓글과 거짓 소문의 확산

9 8번의 문제를 해결하기 위한 노력으로 알맞은 것은 어느 것입니까?　（　　）

① 노인 돌봄 서비스를 늘린다.
② 다른 나라의 문화를 존중한다.
③ 스마트폰의 사용 시간을 정한다.
④ 인터넷 공간에서 예의를 지켜 댓글을 단다.
⑤ 저작권자의 허락 없이 저작물을 내려받지 않는다.

10 세계화 현상이 우리 생활에 미친 영향으로 알맞은 것에 ○표, 알맞지 않은 것에 ×표 하시오.

(1) 회사에 직접 가지 않고 인터넷으로 집에서 일할 수 있다.　（　　）
(2) 다른 나라에서 만든 물건이나 음식을 우리 나라에서 쉽게 살 수 있다.　（　　）

11 세계화가 우리 생활에 미친 긍정적 영향으로 알맞은 것은 어느 것입니까?　（　　）

① 우리 문화를 소홀히 여겨 전통문화가 잊힐 수 있다.
② 우리나라 가수의 노래를 즐기는 외국인이 많아지고 있다.
③ 서로 다른 문화를 이해하지 못해 갈등이 발생할 수 있다.
④ 경쟁이 치열해지면서 일부 나라가 경쟁에서 뒤처지기도 한다.
⑤ 지역의 고유문화가 약해지고 전 세계의 문화가 비슷해지고 있다.

12 다음 **보기** 에서 세계화 시대에 우리가 지녀야 할 태도로 알맞은 것을 <u>두 가지</u> 골라 기호를 쓰시오.

보기

㉠ 우리의 전통문화를 세계화하기 위해 노력한다.
㉡ 지구촌 문제는 함께 해결한다는 공동체 의식을 갖는다.
㉢ 우리나라의 문화를 기준으로 다른 나라의 문화를 평가한다.
㉣ 다른 나라의 문화는 무조건 좋은 것으로 생각하고 받아들인다.

（　　，　　）

13 다음 두 지역 사람들의 옷차림이 다른 까닭으로 알맞은 것은 어느 것입니까?　（　　）

① 기후가 다르기 때문에
② 성별이 다르기 때문에
③ 인구수가 다르기 때문에
④ 피부색이 다르기 때문에
⑤ 나라의 크기가 다르기 때문에

14 다음 두 사진에서 찾을 수 있는 두 지역의 공통점은 무엇입니까? ( )

① 집을 짓고 산다.
② 음식의 맛이 같다.
③ 집을 짓는 방법이 같다.
④ 이동하기 쉬운 집을 짓는다.
⑤ 집을 지을 때 사용하는 재료가 같다.

15 문화에 대한 설명으로 알맞은 것은 어느 것입니까? ( )

① 문화는 젊은 사람들만 즐긴다.
② 놀이는 문화에 해당하지 않는다.
③ 여러 나라의 문화는 모두 비슷하다.
④ 지역, 나이 등에 따라 다양하게 나타난다.
⑤ 다른 나라에서 들어온 문화는 즐기지 않는다.

16 다음 그림에 나타난 편견과 차별의 대상으로 알맞은 것은 어느 것입니까? ( )

① 나이
② 성별
③ 장애
④ 피부색
⑤ 출신 지역

17 다음 빈칸에 들어갈 알맞은 말을 쓰시오.

 : 피부색이 다른 사람은 다가가는 게 꺼려져.
 : 너는 피부색에 대한 ( )을 가지고 차별적 태도를 보이고 있구나.

( )

18 차별에 대한 설명으로 알맞지 <u>않은</u> 것은 어느 것입니까? ( )

① 편견이 차별로 이어질 수 있다.
② 성별에 따라 차별하는 것은 당연하다.
③ 사회적 갈등이 일어나는 원인이 될 수 있다.
④ 정당한 이유 없이 어떤 기준을 두어 대상을 구별하고 다르게 대우하는 것이다.
⑤ 우리 주변에 피부색, 언어, 출신 지역이 다르다는 이유로 차별받는 사람들이 있다.

19 그림처럼 생각하는 어린이가 편견과 차별을 없앨 수 있도록 해 줄 말로 알맞은 것은 어느 것입니까? ( )

① 서로 다른 문화를 존중해야 해.
② 우리나라의 문화가 가장 뛰어나.
③ 장애를 이유로 차별하는 것은 옳지 않아.
④ 손으로 음식을 먹지 말라고 말해 주어야 해.
⑤ 누구나 편리하게 공공시설을 이용할 수 있어.

20 우리 사회가 다음과 같은 일을 하는 까닭으로 알맞은 것은 어느 것입니까? ( )

• 다양한 문화를 이해하고 체험할 수 있는 자리를 마련합니다.
• 국가 인권 위원회에서 인권과 관련한 정책을 개선하는 업무를 수행합니다.

① 고령화에 대응하기 위해서
② 편견과 차별을 없애기 위해서
③ 저출산 현상을 해결하기 위해서
④ 우리나라의 문화를 자랑하기 위해서
⑤ 저작권 침해 문제를 해결하기 위해서

1 태어나는 아이의 수가 줄어드는 현상을 (   )이라고 합니다.

1

2 저출산·고령화가 지속되면 일할 수 있는 인구가 (늘어날 , 줄어들) 수 있습니다.

2

3 (고령화 , 저출산)에 대응하기 위해서는 요양 병원 건설, 노인 돌봄 서비스 제공, 기초 연금 지원 등 다양한 노력이 필요합니다.

3

4 (세계화 , 정보화) 사회의 문제점에는 사이버 폭력, 개인 정보 유출, 저작권 침해, 스마트폰 중독 등이 있습니다.

4

5 (   )의 영향으로 세계 여러 나라의 다양한 문화를 쉽게 접할 수 있게 되었지만, 서로 다른 문화를 이해하지 못해 갈등이 발생하기도 합니다.

5

6 사람들이 주위 환경에 적응하고 이를 이용하는 과정에서 만들어 낸 공통의 생활 방식을 (   )라고 합니다.

6

7 공정하지 못하고 한쪽으로 치우친 의견이나 생각을 (   )이라고 합니다. (   )은 차별로 이어질 수 있습니다.

7

8 일할 사람을 뽑을 때 일과 관련이 없는 성별, 나이, 외모 등이 기준이 되는 것은 (   )입니다.

8

Memo

한끝 정답과 해설

초등사회

4·2

visang

초등사회

4·2

정답과 해설

정답과 해설

1 일차 촌락의 특징

초성 퀴즈 **1** 자연환경 **2** 농촌, 어촌, 산지촌
 3 농업   `10쪽`

문제로 확인하기   `11쪽`

1 촌락   **2** ②
3 (가) 농촌 (나) 산지촌   **4** ②, ⑤

오늘의 핵심 **1** 촌락 **2** 산지촌

1 사람들이 들이나 산, 바다와 같은 자연환경을 이용하며 살아가는 곳을 촌락이라고 합니다.

2 ② 촌락은 자연환경의 영향을 많이 받기 때문에 계절이나 날씨에 따라 촌락 사람들의 생활 모습이 달라집니다.

3 농촌에서는 (가)와 같은 농업, 산지촌에서는 (나)와 같은 임업을 주로 합니다.

4 사진처럼 바다를 이용하여 생산 활동을 하는 곳은 어촌입니다. ①, ③은 산지촌, ④는 농촌에 사는 사람들이 주로 하는 일입니다.

2 일차 도시의 특징

초성 퀴즈 **1** 도시 **2** 높은 **3** 교통   `16쪽`

문제로 확인하기   `17쪽`

1 도시   **2** ㉠, ㉡, ㉢   **3** 지민
4 ④

오늘의 핵심 **1** 도시 **2** ○

1 도시는 많은 사람들이 모여 사는 지역으로, 사회·정치·경제활동의 중심이 되는 곳입니다.

2 ㉢ 도시는 크고 작은 도로가 연결되어 있고, 버스나 지하철과 같은 교통수단이 발달하였습니다.

3 밭이나 비닐하우스에서 작물을 재배하는 일은 촌락에 사는 사람들이 주로 하는 일입니다.

4 세종특별자치시는 정부가 새롭게 계획하여 만든 도시로, 행정 기관이 모여 있는 우리나라 행정의 중심지입니다.

3 일차 촌락과 도시 비교하기

초성 퀴즈 **1** 비슷한 **2** 자연환경   `22쪽`

문제로 확인하기   `23쪽`

1 ⑤   **2** ㉠, ㉡, ㉢
3 (가) 촌락 (나) 도시   **4** 가연, 다민

오늘의 핵심 **1** ○ **2** 많습니다 **3** ×

1 촌락과 도시를 비교할 때는 자연환경, 인구, 주택과 건물의 모습, 사람들이 하는 일 등을 살펴봐야 합니다.

2 ㉣ 촌락과 도시의 모습을 조사하는 방법으로 도서관에 가서 위인전을 찾아보는 것은 알맞지 않습니다.

3 (가)는 충청남도 태안군으로 높은 건물이 많지 않은 것으로 보아 촌락, (나)는 경상북도 포항시로 높은 건물이 많은 것으로 보아 도시입니다.

4 촌락보다 도시에 많이 사람이 살고 있으며, 촌락은 도시보다 도로가 넓지 않고 차가 많이 다니지 않습니다. 나영 – 촌락 사람들과 도시 사람들이 하는 일은 각각 다릅니다.

촌락 문제를 해결하기 위한 노력

초성 퀴즈 **1** 노인 **2** 일손 **3** 귀촌 28쪽

문제로 확인하기 29쪽

1 ㉠ 노인 ㉡ 유소년 **2** ①
3 윤아 **4** ⑤

오늘의 핵심 **1** 늘어나고 **2** ○

1 제시된 그래프를 통해 촌락에 사는 노인 인구는 늘어나고 있지만, 유소년 인구는 줄어들고 있음을 알 수 있습니다.

2 촌락에서는 품질 좋은 농수산물을 생산하고 품종을 새롭게 개발함으로써 소득을 높이려고 노력하고 있습니다.

3 인구 감소, 일손 부족 문제 등 촌락 문제를 해결하기 위해서는 촌락 생활을 홍보하고, 귀촌하려는 사람들이 촌락에 잘 적응하도록 지원해야 합니다.

4 촌락에서는 시설 부족 문제를 해결하기 위해 문화 시설을 만들거나 생활에 도움을 주는 다양한 편의 시설을 늘리는 등의 노력을 하고 있습니다.

도시 문제를 해결하기 위한 노력

초성 퀴즈 **1** 도시 **2** 환경 34쪽

문제로 확인하기 35쪽

1 도시 **2** ㉠, ㉡, ㉢, ㉣ **3** ②
4 ②, ③

오늘의 핵심 **1** ○ **2** 버스 전용 차로제 시행

1 좁은 면적에 많은 사람이 모여 살면서 도시에는 주택 문제, 교통 문제, 환경 문제 등 다양한 문제가 나타나고 있습니다.

2 많은 사람이 모여 사는 도시에는 주택 문제, 교통 문제, 환경 문제 등 여러 가지 문제가 나타나고 있습니다. ㉢ 일손 부족 문제는 촌락에서 나타나는 문제입니다.

3 ㉣는 촌락에서 나타나는 소득 감소 문제를 해결하기 위한 노력입니다.

4 촌락과 도시에서 나타나는 문제를 해결하기 위해서는 많은 사람과 여러 기관의 관심과 노력이 필요합니다.

교류의 의미와 필요성

초성 퀴즈 **1** 교류 **2** 생산물 40쪽

문제로 확인하기 41쪽

1 교류 **2** ㉠, ㉡, ㉣ **3** ①, ②
4 인형극 입장권

오늘의 핵심 **1** × **2** 다르기 **3** ○

1 교류는 지역 간에 사람들이 오고 가면서 물건, 기술, 문화 등을 주고받는 것을 말합니다.

2 ㉠, ㉡은 사람이 오고 가는 교류, ㉣은 물건이 이동하는 교류의 모습입니다.

3 지역마다 생산물, 기술, 문화 등이 다르기 때문에 교류가 이루어집니다.

4 지난 번에 지민이가 민준이에게 감과 버섯을 보내 주었고, 그에 대한 보답으로 민준이가 지민이에게 인형극 입장권을 보내 주었습니다.

촌락과 도시의 다양한 교류

초성 퀴즈 1 촌락   2 도시   (46쪽)

문제로 확인하기   47쪽

1 촌락	2 ④	3 ③
4 ④		

오늘의 핵심 1 ○   2 공공 기관

1 도시 사람들은 촌락 생활을 체험하고 깨끗한 자연에서 여가를 즐기거나 지역 축제에 참여하려고 촌락을 찾습니다.

2 ④는 촌락 사람들이 도시의 시설을 이용하는 모습입니다.

3 촌락 사람들은 다양한 시설과 공공 기관을 이용하려고 도시를 찾습니다.

4 촌락의 사람들은 도시에 세워진 종합 병원이나 문화 시설을 이용하면서 주변의 상점들도 이용하기 때문에 도시의 경제활동을 더욱 활발하게 해 줍니다.

교류하며 상호 의존하는 촌락과 도시

초성 퀴즈 1 직거래 장터   2 상호 의존   (52쪽)

문제로 확인하기   53쪽

1 상호 의존	2 ⑤	3 ②
4 ㉡, ㉢		

오늘의 핵심 1 자매결연   2 ○

1 촌락과 도시에 사는 사람들은 서로 부족한 것들을 채워 주면서 상호 의존하고 있습니다.

2 직거래 장터에서 도시 사람들은 믿을 수 있는 싱싱한 농수산물을 저렴하게 구매할 수 있습니다. ②는 직거래 장터가 촌락 사람들에게 주는 도움입니다.

3 ② 촌락과 도시의 자매결연을 통해 촌락은 모자란 일손을 얻을 수 있다.

4 ㉠은 촌락과 도시의 교류 모습을 조사하는 방법으로 적절하지 않습니다.

단원 평가 1~8일차

1. 촌락과 도시의 생활 모습   54~56쪽

1 ㉡, ㉢, ㉣	2 ④	3 ⑤
4 ⑤	5 ③	
6 ㉠, ㉡, ㉢	7 ③	8 영진, 소영
9 ①	10 ③	11 ②, ④

12 **모범 답안** 우리나라의 전체 인구 중 도시에 사는 인구가 매우 많다.

13 ⑤	14 ④	15 ⑤
16 ⑤	17 ④	
18 직거래 장터	19 ①	20 ③

1 사람들이 함께 살아가는 곳 중에서 농촌, 어촌, 산지촌은 자연환경을 주로 이용하여 살아가는 지역으로, 이들 지역은 촌락에 해당합니다.

2 촌락은 자연환경을 주로 이용하여 살아가기 때문에 계절이나 날씨에 따라 촌락 사람들의 생활 모습이 달라집니다.

3 농촌에서는 논과 밭에서 곡식이나 채소 기르기, 어촌에서는 바다에서 물고기를 잡거나 김과 미역 기르기, 산지촌에서는 산에서 나무를 가꾸어 베거나 산나물 캐기 등의 일을 합니다.

4 도시에는 다양한 편의 시설과 문화 시설이 있어 사람들이 이용할 수 있습니다. ⑤ 비닐하우스는 농촌에서 주로 볼 수 있는 시설입니다.

5 도시는 많은 사람들이 모여 살고, 높은 건물이 많습니다. 또한 이동하는 사람이 많아 버스나 지하철 등의 교통수단이 발달하였습니다. ③ 바다를 이용하여 생산 활동을 하는 지역은 어촌입니다.

6 도시에 사는 사람들은 회사나 공장에 다니고, 물건을 파는 등 사람들이 편리하게 생활할 수 있도록 도와주는 일을 합니다. ㉣은 촌락 사람들이 주로 하는 일입니다.

7 세종특별자치시는 정부가 처음부터 계획하여 만든 도시로, 행정 기관이 모여 있는 우리나라의 행정 중심지입니다.

8 홍민 – 촌락에는 편의 시설이 많지 않고, 도시에는 편의 시설이 많습니다. 윤희 – 촌락은 자연환경을 이용한 산업이 발달하였고, 도시는 물건을 만들거나 편리한 생활을 도와주는 산업이 발달하였습니다.

9 촌락에서는 일할 사람이 부족하고 소득이 줄어들기도 하는 등의 여러 문제가 발생하고 있습니다. ① 주택 부족 문제는 인구가 많은 도시에서 발생합니다.

10 촌락에서는 다양한 기계를 이용하여 일손 부족 문제를 해결하고 생산량도 늘리고 있습니다.

11 촌락에서는 소득을 높이기 위해 품질 좋은 농수산물을 생산하고 있으며, 부족한 시설을 늘리기 위해 폐교를 활용하여 편의 시설을 만들고 있습니다.

12 **모범 답안** 우리나라의 전체 인구 중 도시에 사는 인구가 매우 많다.

채점 기준
'우리나라의 전체 인구 중 도시에 사는 인구가 매우 많다'라고 바르게 쓴 경우

제시된 그래프를 보면 우리나라 인구의 대부분이 도시에 살고 있음을 알 수 있습니다.

13 좁은 면적에 많은 사람이 모여 살면서 도시에는 교통 혼잡, 주택 부족, 쓰레기 문제, 소음 공해 등 다양한 문제가 나타나고 있습니다. ⑤는 인구가 줄어들고 있는 촌락에서 발생하는 문제입니다.

14 ④ 도시에는 인구에 비해 주택이 부족하고, 고쳐야 할 오래된 주택이 많습니다. 이러한 도시의 주택 문제를 해결하기 위해서는 낡고 오래된 주택을 새롭게 정비해야 합니다.

15 ⑤는 본인이 기른 채소를 이용해 음식을 만들어 먹는 것으로 교류라고 볼 수 없습니다.

16 ⑤ 도시 사람들은 자연환경을 이용하여 휴식과 여가를 즐기려고 촌락을 찾습니다.

17 ④는 도시 사람들이 새로운 경험과 여가를 즐기기 위해 촌락의 지역 축제에 참여하는 모습입니다.

18 농수산물 직거래 장터는 촌락 사람들과 도시 사람들 모두에게 도움이 됩니다.

19 지역 축제에 참여하러 온 도시 사람들이 촌락에 있는 식당이나 상점, 숙박 시설을 많이 이용하기 때문에 촌락의 경제에 도움을 줍니다.

20 자연환경이나 인문환경이 다른 촌락과 도시는 교류를 통해 상호 의존함으로써 서로 부족한 것들을 채워 주고 있습니다.

쪽지 시험   1~8일차   **57쪽**

1 촌락	**2** 도시	
3 ㉠ 촌락 ㉡ 도시		**4** 일손
5 많아지면서	**6** 교류	**7** 지역 축제
8 의존		

1 사람들이 함께 살아가는 곳 중에서 들이나 산, 바다 등 자연환경을 주로 이용하여 살아가는 지역을 촌락이라고 합니다. 촌락에는 농촌, 어촌, 산지촌이 있습니다.

2 도시는 정치, 경제, 사회, 문화 활동의 중심이 되고, 많은 사람이 모여 사는 지역을 말합니다.

3 촌락과 도시의 차이점을 살펴보면, 촌락은 자연환경을 이용하는 산업이 발달했고, 도시는 물건을 만들거나 편리한 생활을 도와주는 산업이 발달했습니다.

4 촌락에서는 일할 수 있는 사람이 줄어들자 다양한 기계를 이용하여 일손 부족 문제를 해결하고 농수산물의 생산량을 늘리고 있습니다.

5 사람들이 일자리를 찾아 도시로 모여들기 시작하면서 도시는 점점 커지게 되었습니다. 도시에 많은 사람이 모여 살면서 도시에는 여러 가지 문제가 발생하고 있습니다.

6 지역에 따라 자연환경과 인문환경이 다르므로 생산물이 다릅니다. 또한 발달한 기술의 종류와 문화도 다릅니다. 이처럼 지역에 따라 생산물, 기술, 문화 등이 달라 교류를 하게 됩니다.

7 촌락에서는 각 지역의 전통과 문화를 알리거나 자연환경, 특산물을 활용하는 지역 축제가 열립니다. 도시 사람들은 지역 축제에 참여하여 촌락의 특색 있는 문화를 체험해 볼 수 있습니다.

8 촌락과 도시는 다양한 교류를 통하여 서로에게 도움을 주고받으면서 상호 의존하는 관계입니다.

1 사람들이 생활에 필요한 여러 가지를 만들거나 파는 것, 사는 것과 관련된 모든 활동을 경제활동이라고 합니다.

2 제시된 그림은 어린이들이 돈이 부족해서 떡볶이와 김밥을 모두 사먹을 수 없는 선택의 상황을 나타낸 것입니다.

3 사람이 쓸 수 있는 돈이나 자원은 한정되어 있어 원하는 것을 모두 가질 수 없기 때문에 경제활동에서 선택의 문제가 일어납니다.

4 경제활동에서 선택의 문제는 모든 사람에게 일어날 수 있으며, 무엇을 선택하는 지는 사람마다 다를 수 있습니다.

9 일차 경제활동과 선택의 문제

초성 퀴즈 **1** 경제활동 **2** 희소성   (62쪽)

문제로 확인하기   63쪽

1 경제활동 **2** ②   **3** ⑤
4 윤아

오늘의 핵심 **1** 희소성 **2** 한정되어 있기

10 일차 현명한 선택을 하는 방법

초성 퀴즈 **1** 자원 **2** 비교   (68쪽)

문제로 확인하기   69쪽

1 현명한 선택 **2** ③   **3** ②
4 ①

오늘의 핵심 **1** 꼭 필요한 물건 **2** ×

1 현명한 선택을 하면 자신에게 알맞은 물건을 골라 만족감과 즐거움을 얻을 수 있고, 돈과 시간 등의 자원을 아낄 수 있습니다.

2 물건을 살 때는 나에게 꼭 필요한 것인지 생각해 보고, 물건의 디자인, 품질, 가격 등을 따져 보아 자신에게 가장 알맞은 것을 선택해야 합니다.

3 현명한 선택을 하려고 할 때 사려고 하는 물건의 가격, 디자인, 특징 등의 내용을 수집하고 분석하는 것은 '정보 모으기'의 단계입니다.

4 물건을 살 때 다양한 선택 기준을 고려해서 표를 만들고, 점수가 가장 높은 물건을 선택하면 현명한 선택을 할 수 있습니다. 수민이의 선택 기준표에서 총점이 가장 높은 물건은 (가) 물건입니다.

11 일차 생산과 소비의 모습

초성 퀴즈 1 시장   2 소비   74쪽

문제로 확인하기   75쪽

1 생산   **2** ⑤   **3** ⓒ, ⓜ
4 ②

오늘의 핵심 1 시장   2 생산

1 생산이란 생활에 필요한 물건이나 서비스를 만들어 내는 활동을 말합니다. 생산 활동에는 벼농사하기, 염전에서 소금 얻기, 환자 진료하기 등이 있습니다.

2 오늘날에는 텔레비전 홈 쇼핑을 통해 가정에서 텔레비전 방송으로 상품 정보를 보고 상품을 살 수 있습니다.

3 ⓒ 과일 따기, ⓜ 벼농사하기는 모두 생활에 필요한 것을 자연에서 얻는 생산 활동입니다. ⓝ 공연하기, ⓑ 머리 손질하기는 생활을 편리하고 즐겁게 해 주는 생산 활동이고, ⓛ 건물 짓기, ⓔ 옷 만들기는 생활에 필요한 것을 만드는 생산 활동입니다.

4 ② 공책을 사는 것은 소비 활동입니다. 공장에서 공책 만들기, 공책 운반하기, 공책 팔기 등이 생산 활동에 해당합니다.

12 일차 현명한 소비 생활

초성 퀴즈 1 소득   2 광고   80쪽

문제로 확인하기   81쪽

1 현명한 소비   **2** ①, ②   **3** 우주
4 ②

오늘의 핵심 1 ×   2 일부를 저축
3 인터넷 검색하기

1 돈을 낭비하지 않고, 가정에서 벌어들인 소득의 범위 안에서 필요한 것을 사는 것은 현명한 소비 생활입니다.

2 현명한 소비 생활을 하지 않으면 돈과 자원을 낭비하거나 필요한 물건을 못 사게 될 수 있습니다.

3 물건의 선택 기준을 세우고, 그 기준에 맞는 물건을 고르는 것은 현명한 소비 생활입니다.

4 상점에 방문하면 물건을 직접 보고 비교할 수 있고, 물건의 정보 중 궁금한 점을 판매원에게 물어볼 수 있습니다.

13 일차 우리 주변 상품의 생산지 조사하기

초성 퀴즈 1 생산지   2 지도   86쪽

문제로 확인하기   87쪽

1 생산지(원산지)   **2** ③
3 중국   **4** ④

오늘의 핵심 1 생산지(원산지)   2 ○   3 다양한

1 상품이 만들어진 곳 또는 그 상품이 저절로 생겨나는 곳을 생산지(원산지)라고 합니다.

2 광고지 확인, 품질 인증 표시 확인, 상품 정보 시스템 확인, 큐아르(QR) 코드 스캔 등을 통해 상품의 생산지(원산지)를 알 수 있습니다. ③ 약도는 어떤 곳의 위치를 알고자 할 때 이용합니다.

3 제시된 자료에서 제조국이 중국이므로, 상품의 생산지는 중국임을 알 수 있습니다.

4 제시된 표에서 운동화의 생산지가 베트남이므로, 운동화는 다른 나라에서 온 상품임을 알 수 있습니다. 표에서 감귤, 김치, 전복, 텔레비전은 모두 우리나라에서 생산된 상품입니다.

14일차 경제적 교류가 일어나는 까닭

초성 퀴즈 **1** 경제적 교류 **2** 자원 92쪽

문제로 확인하기 93쪽

1 이익 **2** ④, ⑤ **3** ②
4 태훈

오늘의 핵심 **1** 경제적 교류 **2** 다르기

1 개인이나 지역이 경제적 이익을 얻기 위해 상품, 자원, 기술, 정보 등을 서로 주고받는 것을 경제적 교류라고 합니다.

2 지역마다 자연환경과 생산 기술, 자원 등이 다르기 때문에 지역끼리 경제적 교류가 일어납니다.

3 ② 지역끼리 경제적 교류를 하면 좋은 점은 각 지역이 모두 경제적 이익을 얻을 수 있는 점입니다.

4 지역마다 자연환경과 자원 등이 다르기 때문에 경제적 교류가 일어납니다.

15일차 경제적 교류가 이루어지는 대상과 방법

초성 퀴즈 **1** 국가 **2** 대중 매체 98쪽

문제로 확인하기 99쪽

1 개인 **2** ③ **3** ①
4 ②

오늘의 핵심 **1** × **2** 시장

1 경제적 교류를 하는 대상은 개인, 기업, 지역, 국가 등 다양하게 있습니다.

2 옛날에는 주로 시장에서 경제적 교류가 이루어졌으나, 교통과 통신이 발달함에 따라 오늘날에는 다양한 장소에서 여러 가지 방법으로 경제적 교류가 이루어집니다.

3 시장을 이용하면 물건의 품질을 직접 확인하고 물건을 살 수 있습니다.

4 ②는 시장을 이용한 경제적 교류에 해당합니다. 대중 매체를 이용한 경제적 교류에는 인터넷, 스마트폰, 텔레비전 홈 쇼핑을 이용해 물건을 사고파는 방법이 있습니다.

16일차 지역의 다양한 경제적 교류

초성 퀴즈 **1** 문화 **2** 자연환경 104쪽

문제로 확인하기 105쪽

1 ⑤ **2** ③ **3** 해준
4 ②

오늘의 핵심 **1** ○ **2** × **3** 기술

1 제시된 자료에서 보듯이 각 지역은 자기 지역의 풍부한 생산물을 중심으로 경제적 교류를 하기 때문에 도시 사람들은 도시에서 생산되지 않는 생산물을 이용할 수 있습니다.

2 제시된 글은 지역의 문화를 이용해 여러 지역이 경제적 교류를 하는 모습을 보여 줍니다.

3 축제와 문화 공연에 참여하는 사람들의 소비 활동으로 각 지역은 경제적 이익을 얻을 수 있습니다.

4 제시된 글은 시장에서 경제적 교류 모습을 조사하는 방법에 해당합니다.

다양한 지역의 대표 상품

초성 퀴즈 **1** 자원 **2** 교류 110쪽

문제로 확인하기 111쪽

1 ⑤ **2** 박람회 **3** ④
4 ①

오늘의 핵심 **1** ○ **2** 캐릭터

1 강원특별자치도 횡성군의 대표 상품은 한우입니다.

2 박람회를 통해 우리 지역의 대표 상품을 다른 지역에 홍보하거나 다른 지역의 상품을 우리 지역에 들여옵니다.

3 제시된 자료는 각각 공주시와 영덕군의 대표 상품을 활용하여 만든 지역 캐릭터입니다. 왼쪽 자료는 공주시의 알밤이 그려진 캐릭터이고, 오른쪽 자료는 영덕군의 대게를 사람처럼 그려서 만든 캐릭터입니다.

4 ① 지역의 대표 상품은 그 지역에서만 소비되지 않고, 경제적 교류를 통해 여러 지역에서 소비됩니다.

1 희소성 **2** ② **3** ①
4 ③ **5** ⓒ **6** ⓛ
7 ② **8** ⑤ **9** ④
10 **모범 답안** 여러 물건의 가격과 특징을 한눈에 비교할 수 있고, 물건을 산 다른 사람들의 의견도 알 수 있다.
11 ① **12** ③, ④ **13** ③
14 ② **15** ④ **16** ③
17 ② **18** ⑤ **19** ④
20 ⑤

1 경제활동에서 선택의 문제가 일어나는 까닭은 자원의 희소성 때문입니다.

2 제시된 그림의 어린이는 시간이 부족해서 타고 싶은 놀이 기구를 모두 탈 수 없다고 말하고 있습니다.

3 선택이란 여럿 가운데서 필요한 것을 골라 뽑는 것으로, ②, ③, ④, ⑤는 선택의 문제를 겪는 상황입니다. ①은 선택의 문제를 겪는 상황이 아닙니다.

4 ③ 물건을 살 때 현명한 선택을 하려면 돈을 절약할 수 있는지 따져 보아야 합니다.

5 제시된 재균이의 티셔츠 선택 기준표 전체를 고려할 때 점수가 가장 높은 ⓒ 제품을 선택하는 것이 가장 적절합니다.

6 재균이는 디자인이 예쁜 티셔츠를 사겠다고 하였으므로, 선택 기준표에서 디자인 점수가 제일 높은 ⓛ 제품을 선택하는 것이 적절합니다.

7 소비란 생산한 것을 구매하여 사용하거나 서비스를 이용하는 활동으로, 진료를 받는 것은 소비 활동입니다. ①, ③, ④, ⑤는 모두 생산 활동입니다.

8 제시된 사진은 벼농사하기로, 생활에 필요한 것을 자연에서 얻는 활동입니다. 이러한 생산 활동에는 염전에서 소금 얻기, 버섯 따기 등이 있습니다.

9 현명한 소비 생활을 하기 위해서는 물건을 사기 전에 어디에서 사는 것이 좋은지, 물건의 가격과 품질은 어떠한지 등을 따져 보는 것이 좋습니다.

10 모범 답안 여러 물건의 가격과 특징을 한눈에 비교할 수 있고, 물건을 산 다른 사람들의 의견도 알 수 있다.

제시된 그림처럼 인터넷으로 물건의 정보를 찾으면 여러 물건의 정보를 비교할 수 있고, 물건을 산 사람들의 의견도 알 수 있습니다.

11 제시된 자료는 상품의 품질 인증 표시를 나타낸 사진입니다. 상품의 품질 인증 표시를 통해 상품의 정보를 알 수 있습니다.

12 제시된 표에서 아몬드의 생산지는 미국, 청바지의 생산지는 베트남이므로, 두 제품은 다른 나라에서 왔음을 알 수 있습니다.

13 지역마다 자연환경, 생산 기술, 자원 등이 다르기 때문에 지역 간에 경제적 교류가 일어납니다. 경제적 교류로 자기 지역에서 많이 생산되는 물건은 다른 지역에 팔고, 자기 지역에서 생산할 수 없는 물건은 다른 지역에서 들여옵니다.

14 지역 간의 경제적 교류로 각 지역이 경제적 이익을 얻고, 지역 주민들의 생활이 편리해집니다. ② 지역 간 경쟁이 심해지는 것은 경제적 교류가 미치는 좋은 영향이 아닙니다.

15 제시된 그림은 산지촌과 농촌의 경제적 교류를 나타낸 것으로, 지역과 지역의 경제적 교류에 해당합니다.

16 시장을 이용하여 경제적 교류를 하면 물건의 품질을 직접 확인하고 살 수 있다는 좋은 점이 있습니다. ①, ②, ④, ⑤는 모두 대중 매체를 이용한 경제적 교류 방법의 좋은 점입니다.

17 대중 매체를 이용한 경제적 교류 방법에는 인터넷, 스마트폰, 텔레비전 홈 쇼핑을 이용해 물건을 구매하는 방법이 있습니다. ① 전통 시장, ③ 할인 매장, ④ 도매 시장에서 물건을 구매하는 것은 시장을 이용한 경제적 교류 방법입니다.

18 제시된 글은 대전광역시, 부산광역시, 성남시, 안산시가 교류 음악회를 연다는 내용으로, 여러 지역이 문화 교류를 하는 모습을 보여 줍니다.

19 ④ 지역 간 경제적 교류는 두 지역 사이에서 이루어지기도 하지만 여러 지역이 협력해서 이루어지기도 합니다.

20 제시된 자료는 지역의 대표 상품을 홍보하기 위해 만든 포스터입니다.

쪽지 시험	9~17일차	115쪽

1 경제활동 **2** ㉠ 생산 ㉡ 소비
3 만드는 **4** 일부 **5** 상점 방문하기
6 생산지(원산지) **7** 대중 매체
8 문화

1 사람들이 생활에 필요한 여러 가지를 만들거나 파는 것, 사는 것과 관련된 모든 활동을 경제활동이라고 합니다.

2 생활에 필요한 물건이나 서비스를 만들어 내는 활동을 생산이라고 하고, 생산한 것을 구매하여 사용하거나 서비스를 이용하는 활동을 소비라고 합니다.

3 옷 만들기, 건물 짓기, 휴대 전화 만들기는 생활에 필요한 것을 만드는 활동입니다. 생활에 필요한 것을 자연에서 얻는 활동에는 벼농사하기, 버섯 따기 등이 있습니다.

4 현명한 소비 생활을 위해서는 소득의 일부를 저축하여 미래를 준비하는 것이 좋습니다.

5 물건의 정보를 얻을 때 상점에 방문하면 판매원에게 물건의 정보 중 궁금한 점을 물어볼 수 있습니다.

6 생산지(원산지)란 상품이 만들어진 곳 또는 그 상품이 저절로 생겨나는 곳을 말합니다.

7 인터넷, 스마트폰, 텔레비전 등 대중 매체를 이용한 경제적 교류는 시간과 장소의 제한을 받지 않고 쉽고 편리하게 물건을 사고팔 수 있습니다.

8 여러 지역은 공연, 전시회, 운동 경기 등의 문화를 교류하여 경제적 이익을 얻습니다.

18 일차 우리 사회의 달라진 모습

초성 퀴즈 1 노인　2 정보 （120쪽）

문제로 확인하기 121쪽

1 사회 변화	**2** 정은	**3** ⑤
4 ④		

오늘의 핵심 1 ○　2 줄어들었기

1 한 사회의 여러 분야에서 이미 있어 온 것들이 새롭게 바뀌고 사람들의 생활 모습이 달라지는 것을 사회 변화라고 합니다.

2 옛날 학교에서는 오늘날에 비해 한 학급당 학생 수가 많았습니다.

3 ⑤ 오늘날에는 다른 나라와 교류가 늘어나서 다른 나라의 음식을 쉽게 맛볼 수 있고 안내판에서 여러 나라의 언어를 찾을 수 있습니다.

4 오늘날에는 지식과 정보를 활용할 수 있는 기술이 발전하면서 인터넷을 이용해 언제 어디서나 정보를 얻을 수 있게 되었습니다.

19 일차 저출산·고령화로 달라진 생활 모습

초성 퀴즈 1 저출산　2 노인 （126쪽）

문제로 확인하기 127쪽

1 ①	**2** ㉠, ㉢	**3** 고령화
4 ③, ④		

오늘의 핵심 1 저출산　2 줄어들고, 높아지고

1 제시된 그래프는 저출산으로 생산 가능 인구가 감소하는 현상을 보여 줍니다. 생산 가능 인구가 줄어들면 일할 사람이 줄어들어 경제활동에 영향을 줄 수 있습니다.

2 저출산으로 가족의 구성원 수가 줄고 다양한 가족 형태가 늘어났으며, 학급당 학생 수가 줄어들고 문을 닫는 학교도 생겼습니다. ㉡은 고령화로 달라진 생활 모습에 해당합니다.

3 전체 인구 중에 노인 인구가 차지하는 비율이 높아지는 현상을 고령화라고 합니다.

4 고령화 현상이 나타나면서 노인 전문 병원, 요양 병원, 노인 복지관 등과 같은 노인 전문 시설이 늘어나고, 노인을 대상으로 하는 여러 산업이 발달하고 있습니다.

20 일차 저출산·고령화에 대한 대응

초성 퀴즈 1 고령화　2 육아 （132쪽）

문제로 확인하기 133쪽

1 ④	**2** 승연	**3** 고령화
4 (1) ㉡, ㉢ (2) ㉠, ㉣		

오늘의 핵심 1 저출산　2 남녀 모두　3 ○

1 ④ 저출산 현상이 계속되어 태어나는 아이의 수가 줄어들면 출산을 도와주는 병원도 줄어듭니다.

2 저출산에 대응하기 위해 출산 장려금, 아동 수당 등 출산비와 양육비를 지원합니다. 노인 요양 병원을 짓고, 노인을 위한 일자리 및 직업 교육을 제공하는 것은 고령화에 대응하기 위한 방법입니다.

3 노인에게 기초 연금 지원, 노인을 위한 일자리 제공, 노인 돌봄 서비스 제공 등은 모두 고령화로 나타난 변화에 대한 대응 노력입니다.

4 ⓒ 아동 수당 제공, ⓓ 출산 휴가 확대는 저출산에 대응하기 위한 방법이다. ⓐ 기초 연금 지원, ⓔ 노인 돌봄 서비스 제공은 고령화에 대응하기 위한 방법이다.

21 일차 정보화가 우리 생활에 미친 영향

초성 퀴즈 **1** 정보 **2** 인터넷 (138쪽)

문제로 확인하기 139쪽

1 ① **2** 저작물 **3** ㉠, ㉢
4 상호

오늘의 핵심 **1** 정보화 **2** 인터넷 **3** ✕

1 정보화에 따라 휴대 전화로 은행 업무를 보고 실시간으로 교통 정보를 얻게 되었습니다. 학교에서는 디지털 교과서로 공부하고 인터넷에서 자료를 검색해 과제를 해결합니다. ① 정보화가 활발해지면서 가게에 직접 가지 않고 물건을 살 수 있게 되었습니다.

2 저작물은 사람의 생각, 감정, 아이디어 등의 창작물로, 다른 사람의 저작물을 허락 없이 내려받으면 저작권을 침해하게 됩니다.

3 정보화 사회에서는 개인 정보 유출로 인한 사생활 침해 문제, 악성 댓글 등으로 인한 사이버 폭력 문제가 발생합니다. ㉡은 저출산으로 나타난 현상입니다.

4 제시된 그림은 스마트폰 중독 현상을 나타낸 것입니다. 이러한 문제를 해결하려면 인터넷과 스마트폰의 사용 시간을 정하고 정해진 시간에만 사용하는 노력이 필요합니다.

22 일차 세계화가 우리 생활에 미친 영향

초성 퀴즈 **1** 교통 **2** 세계 시민 (144쪽)

문제로 확인하기 145쪽

1 세계화 **2** 석준
3 (1) ㉢, ㉣ (2) ㉠, ㉡ **4** ④

오늘의 핵심 **1** 세계화 **2** 긍정적 **3** ○

1 세계화란 세계 여러 나라가 다양한 분야에서 서로 교류하고 영향을 주고받으며 가까워지는 현상으로, 세계화 속에서 세계 여러 나라의 다양한 문화를 쉽게 접하고 체험할 수 있습니다.

2 창주 – 교통과 통신의 발달로 사람, 물건, 문화 등의 국가 간 교류가 늘어나면서 세계화가 나타났습니다.

3 ㉠, ㉡은 세계화가 우리 생활에 미친 부정적 영향에 해당하고, ㉢, ㉣은 긍정적 영향에 해당합니다.

4 세계화 속에서 우리는 다른 나라의 문화를 존중하는 한편, 우리의 소중한 문화를 지키고 발전시키려는 태도를 지녀야 합니다.

23 일차 일상생활에서 나타나는 다양한 문화

초성 퀴즈 **1** 지역 **2** 다양한 (150쪽)

문제로 확인하기 151쪽

1 문화 **2** (가) **3** ⑤
4 ①

오늘의 핵심 **1** 문화 **2** 물 위에 지은 **3** ○

1 문화는 사람들이 주위 환경에 적응하고 이를 이용하는 과정에서 만들어 낸 것으로, 사회마다 비슷한 점도 있고 다른 점도 있습니다.

2 더운 지역에 사는 사람들은 햇빛을 피하기 위해 (가)처럼 모자를 쓰고 천으로 된 긴 옷을 입습니다. (나)는 추운 지역에서 추위로부터 몸을 보호하기 위해 털옷을 입은 모습입니다.

3 문화는 지역, 종교, 나이, 성별 등에 따라 다양하게 나타납니다.

4 ①은 자연환경과 관련이 있는 것으로, 문화의 모습에 해당하지 않습니다.

24 일차 일상생활에서 나타나는 편견과 차별

초성 퀴즈 **1** 편견 **2** 종교 (156쪽)

문제로 확인하기 157쪽

1 차별 **2** ⑤ **3** 경수
4 ③

오늘의 핵심 **1** 편견 **2** 장애 **3** ×

1 어떤 기준을 두어 대상을 구별하고 부당하게 대우하는 일을 차별이라고 합니다. 편견은 차별로 이어질 수 있습니다.

2 제시된 그림은 피부색이 다른 사람을 꺼려하는 것으로, 피부색에 따른 차별적 태도를 보여 줍니다.

3 경수는 언어를 이유로 차별적 태도를 보이고 있습니다. 수진과 혜진은 각각 다른 나라의 음식 문화와 종교에 따른 문화를 이해하고 있습니다.

4 ③ 편견과 차별이 지속되면 사람들이 자신의 능력을 잘 발휘할 수 없게 됩니다.

25 일차 편견과 차별을 해결하기 위한 노력

초성 퀴즈 **1** 존중 **2** 편견 (162쪽)

문제로 확인하기 163쪽

1 ② **2** (가) **3** ⑤
4 승호

오늘의 핵심 **1** 실력 **2** ○

1 피부색에 따른 차별을 없애기 위해 살색을 연주황으로 바꾸었고, 나이에 따른 차별을 없애기 위해 연주황을 다시 살구색으로 바꾸었습니다.

2 (가)는 다른 문화를 존중하고 이해하는 자세를 보여 줍니다. (나)는 다른 문화에 대해 편견을 갖고 부정적으로 바라보는 모습을 보여 줍니다.

3 오늘날 사회는 편견과 차별을 없애기 위해 다양한 문화를 이해하고 체험할 수 있는 자리를 마련하고 있습니다.

4 승호 – 편견과 차별을 없애기 위해서는 개인의 취향을 존중해야 합니다.

18~25일차 단원 평가 3. 사회 변화와 문화 다양성 164~166쪽

1 ③ **2** ⑤ **3** 고령화
4 **모범 답안** 일할 사람이 줄어들 수 있다.
5 ④ **6** ⑤ **7** ④
8 ② **9** ⑤
10 (1) × (2) ○ **11** ②
12 ㉠, ㉡ **13** ① **14** ①
15 ④ **16** ① **17** 편견
18 ② **19** ① **20** ②

1 오늘날에는 생활 곳곳에서 인터넷이 다양하게 사용되고 있습니다. ①, ②, ④ 오늘날에는 나라 사이의 교류가 늘어나고 있고, 노인들을 위한 시설이 늘어나고 있으며, 학교의 학급당 학생 수가 옛날보다 적어졌습니다.

2 저출산 현상이 지속되는 것을 막기 위해 임산부에게 도움이 되는 정책이 늘어나고 있습니다.

3 전체 인구 중에 노인 인구가 차지하는 비율이 높아지는 현상을 고령화라고 합니다. 오늘날에는 고령화 현상이 심해지고 있습니다.

4 모범 답안 일할 사람이 줄어들 수 있다.

채점 기준
'일할 사람이 줄어들 수 있다.'라고 바르게 쓴 경우

계속된 저출산으로 그래프처럼 생산 가능 인구가 줄어들면 일할 수 있는 인구가 감소해 경제가 어려워질 수 있습니다.

5 저출산·고령화가 지속되면 노인의 경제적 어려움, 질병, 외로움 등 여러 가지 문제가 나타날 수 있습니다.

6 ⑤ 저출산 현상을 해결하기 위해서는 아이를 기르는 책임이 남녀 모두에게 있다는 생각을 가지는 것이 중요합니다.

7 ④ 정보화 사회에서는 가게에 직접 가지 않아도 물건을 살 수 있습니다.

8 제시된 그림은 다른 사람의 저작물을 불법으로 내려받는 저작권 침해 문제를 보여 줍니다.

9 저작권 침해 문제를 해결하기 위해서는 저작권자의 허락 없이 프로그램, 글, 사진, 음악 등을 함부로 내려받지 않아야 합니다.

10 (1)은 정보화 현상이 우리 생활에 미친 영향에 해당합니다. 세계화 속에서 우리는 다른 나라에서 만든 물건이나 음식을 쉽게 접할 수 있습니다.

11 ①, ③, ④, ⑤는 세계화가 우리 생활에 미친 부정적 영향에 해당합니다.

12 세계화 시대에는 우리 문화를 지키고 세계화하기 위해 노력해야 하며, 공동체 의식을 갖고 지구촌 문제를 대해야 합니다.

13 왼쪽 사진은 더운 지역에 사는 사람들의 옷차림이고, 오른쪽 사진은 추운 지역에 사는 사람들의 옷차림으로, 두 지역의 기후가 다르기 때문에 옷차림이 다르게 나타납니다.

14 왼쪽 사진은 물 위에 지은 집이고, 오른쪽 사진은 천막으로 만든 집입니다. 두 사진을 통해 각 지역이 집을 짓는 방식은 다르지만 집을 짓고 산다는 공통점이 있음을 알 수 있습니다.

15 문화는 지역, 나이, 성별 등에 따라 다양하게 나타납니다.

16 제시된 그림은 일할 사람을 뽑을 때 나이를 기준으로 둔 것으로, 나이에 따른 차별적 상황을 나타내고 있습니다.

17 피부색이 다른 사람에게 다가가기 꺼려하는 태도는 피부색에 대한 편견을 가지고 차별하는 태도입니다.

18 ② 성별을 이유로 차별하는 것은 바람직하지 않은 태도입니다.

19 그림의 어린이는 다른 나라의 식문화를 이해하지 못하여 편견을 가지고 차별적인 생각을 하고 있습니다. 따라서 이 어린이에게는 다른 문화를 존중하고 이해하는 태도가 필요합니다.

20 다양한 문화를 체험할 수 있는 자리를 마련하고, 국가 인권 위원회를 세우는 것은 편견과 차별이 없는 세상을 만들기 위한 우리 사회의 노력입니다.

쪽지 시험 18~25일차 **167쪽**

1 저출산	**2** 줄어들	**3** 고령화
4 정보화	**5** 세계화	**6** 문화
7 편견	**8** 차별	

1 태어나는 아이의 수가 줄어드는 현상을 저출산이라고 합니다.

2 저출산·고령화가 지속되면 일할 수 있는 인구가 줄어들어 경제가 어려워질 수 있습니다.

3 요양 병원 건설, 노인 돌봄 서비스 제공, 기초 연금 지원 등은 모두 고령화에 대응하기 위한 노력에 해당합니다.

4 정보화 사회에서는 사이버 폭력, 개인 정보 유출, 저작권 침해, 인터넷과 스마트폰 중독 등의 문제점이 발생합니다.

5 세계화의 영향으로 세계 여러 나라의 다양한 문화를 쉽게 접할 수 있게 되었지만, 서로 다른 문화를 이해하지 못해 갈등이 발생하는 문제도 생겨납니다.

6 문화란 사람들이 주위 환경에 적응하고 이를 이용하는 과정에서 만들어 낸 공동의 생활 방식입니다.

7 공정하지 못하고 한쪽으로 치우친 의견이나 생각을 편견이라고 합니다. 편견은 차별로 이어질 수 있습니다.

8 일할 사람을 뽑을 때 일과 관련이 없는 성별, 나이, 외모 등이 기준이 되는 것은 차별입니다.

Memo